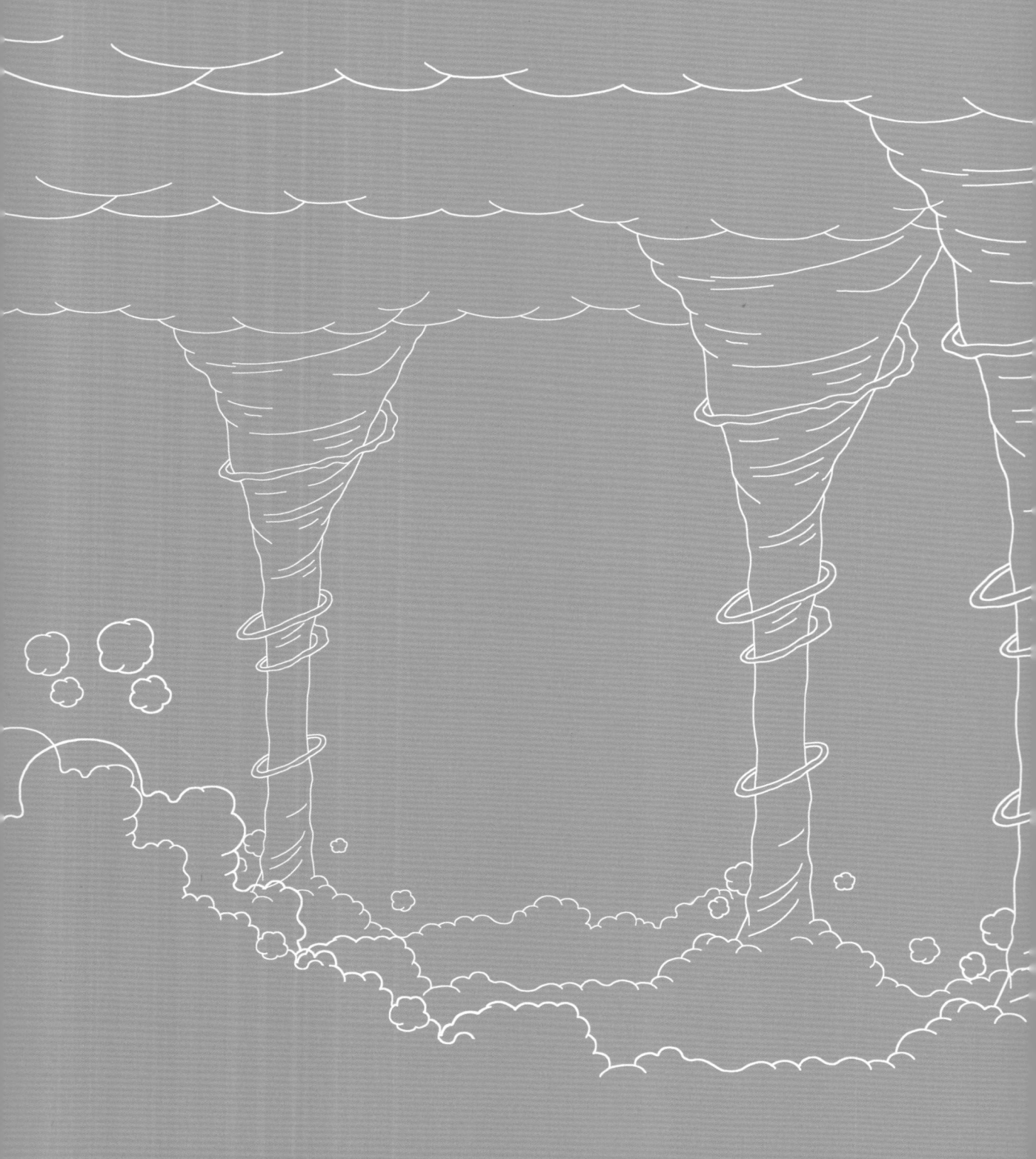

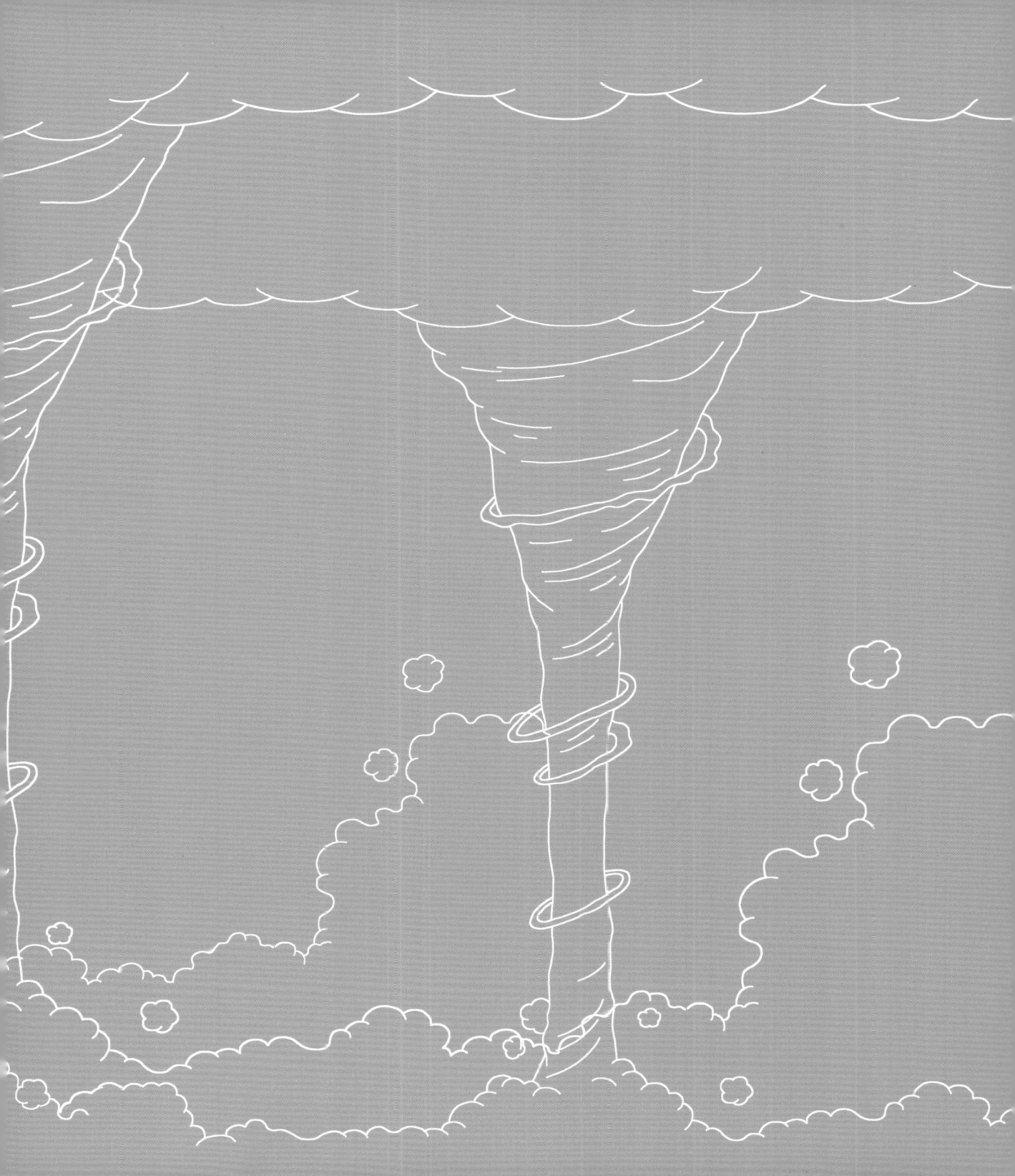

초등학생을 위한

자연재해 지식책

초등학생을 위한

자연재해 지식책

글 김온유 | 그림 유진성

파란정원

● 작 가 의 말 ●

2011년 3월, 이웃 나라 일본에서 큰 지진이 났을 때를 기억하나요? 그일 이후 친구들은 물론이고 어른들도 지진이나 화산, 지진해일과 같은 자연재해에 대해 더욱 많은 관심을 갖게 되었어요.

그전까지 우리는 너무나 무심할 정도로 방심하고 있었어요. 우리나라도 해마다 태풍과 홍수, 가뭄 등의 자연재해에 노출되어 있고, 지진이나 화산 폭발이 충분히 일어날 수 있는데도 말이에요.

만약 백두산이 폭발한다면 어떻게 될까요? 또 태평양에서 지진 해일이 동해안으로 밀려온다면 어떻게 될까요? 우리 모두 안전한 곳으로 신속하게 대피할 수 있을까요?

그러기 위해서는 정부 차원에서 철저한 대비가 필요해요. 또한, 우리가 스스로 자연재해에 대해 알아야 해요. 왜 일어나는지, 어떻게 대처해야 하는지 등 정확하게 알아야 당황하지 않고 대처할 수 있어요.

두 번째로 여러분에게 말하고 싶은 것은 자연을 화나게 하지 말라는 거예요. 우리 친구들도 화가 나면 참고 참다가 폭발하잖아요. 우리가 사는 지구도 마찬가지예요. 사람들 때문에 참고 참다가 꿈틀대거나 폭발하여 뜨거운 열을 토해 냅니다. 지금 당장 편하게 살기 위해 무분별하게 자연환경을 해치는 사람들에게 일종의 경고를 보내는 것이지요.

하지만 이런 경고는 너무나 막강해서 때로는 막을 수조차 없을 정도예요. 수십억, 수조 원에 달하는 재산피해와 어마어마한 인명피해가 뒤따르기도 하지요.

그래서 우리 친구들도 선생님과 함께 우리를 둘러싸고 있는 고마운 자연과 더불어 살 수 있도록 다 함께 힘을 합쳐 노력해 주었으면 좋겠어요.

김온유

● 차 례 ●

1장 지각 운동으로 일어나는 자연재해

지진 - 땅이 쩍! 건물이 흔들흔들! ⑭
지진 해일 - 집채만 한 파도가 밀려온다! ㉚
화산 - 산이 불을 내뿜고 있어! ㊹

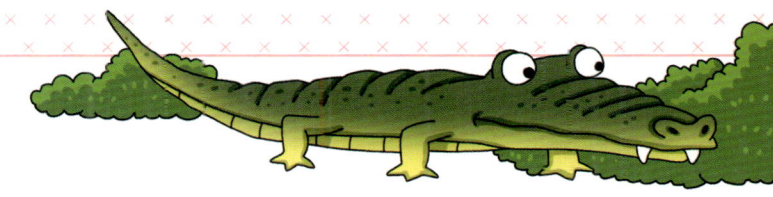

2장 기상 변화로 일어나는 자연재해

태풍 – 슈퍼 태풍이 다가온다고? 64
토네이도 – 강력한 소용돌이 바람 82
홍수 – 앗, 강물이 넘쳤어! 98
가뭄 – 사막이 되어 가는 강 116

3장 지구 온난화로 일어나는 자연재해

황사 – 봄의 불청객 모래 먼지 134
산사태와 눈사태 – 와르르, 무너지는 산 150
수질 오염 – 검게 변하는 바다! 166

1장 지각 운동으로 일어나는 자연재해

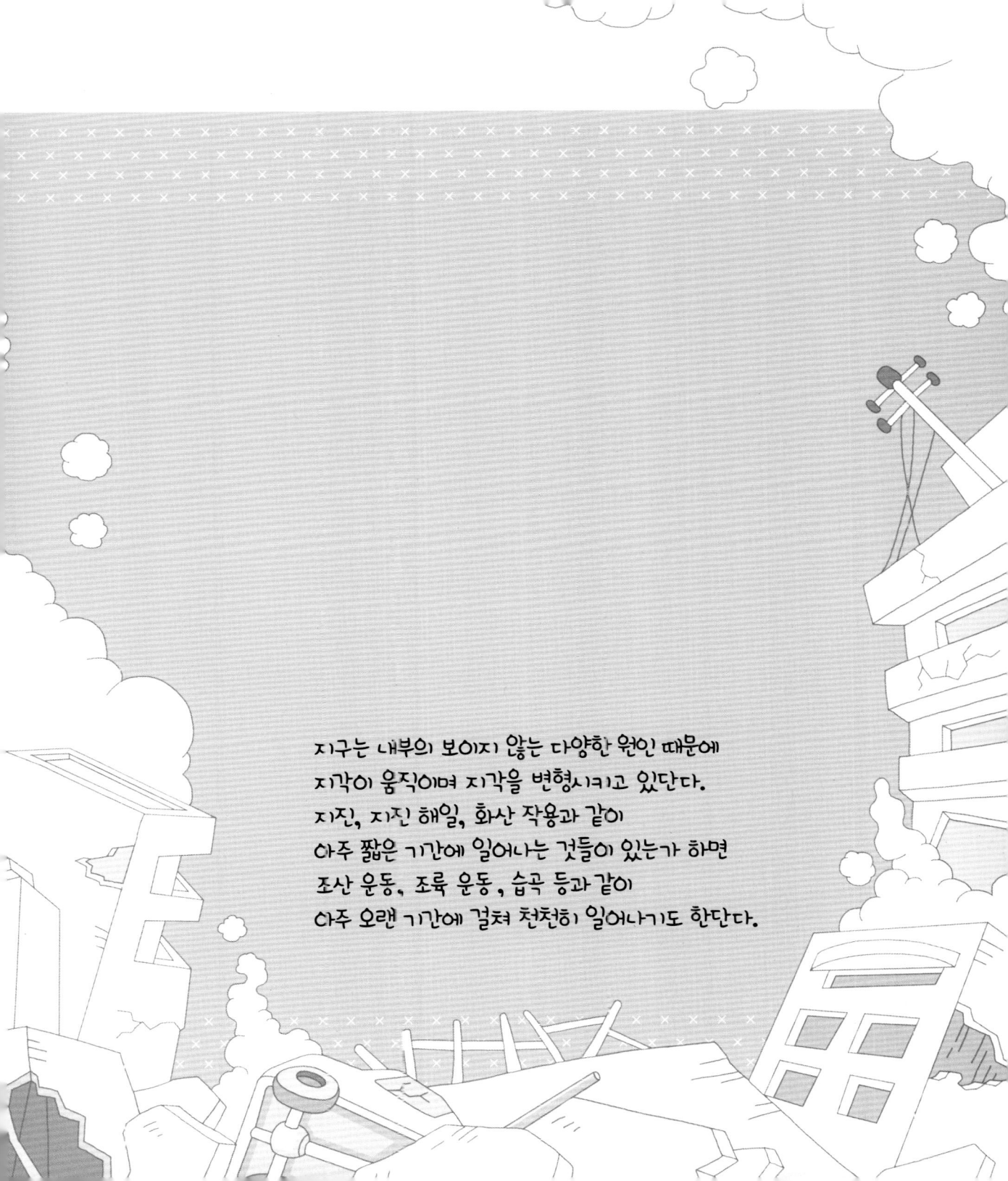

지구는 내부의 보이지 않는 다양한 원인 때문에
지각이 움직이며 지각을 변형시키고 있단다.
지진, 지진 해일, 화산 작용과 같이
아주 짧은 기간에 일어나는 것들이 있는가 하면
조산 운동, 조륙 운동, 습곡 등과 같이
아주 오랜 기간에 걸쳐 천천히 일어나기도 한단다.

지진 땅이 쩍! 건물이 흔들흔들!

"삼촌!"

마당에서 자전거를 타던 지우는 대문에 들어서는 삼촌을 보자 자전거를 내팽개치고 달려갔어요.

"아이고, 지우야. 이게 얼마 만이냐?"

삼촌도 반가워하며 지우를 번쩍 안아 들었지요.

그날 밤 지우네 집은 떠들썩했어요. 지우 엄마는 일본 지진 현장에서 고생하고 온 삼촌을 위해 맛있는 음식을 한 상 차렸어요. 다들 위험한 곳으로 구조 활동을 떠났던 삼촌을 얼마나 걱정했는지 몰라요. 하지만 삼촌이 무사히 돌아온 것을 보니 지우뿐만 아니라 아빠, 엄마도 얼굴이 환해졌지요.

"삼촌, 일본 사람들이 정말 그렇게 많이 죽었어? 건물도 다 무너지고?"

저녁 식사가 끝난 후 지우는 뉴스에서 보았던 것들을 떠올리며 물었어요.

"휴, 말로 하자면 끝이 없을 정도야. 지진에 해일까지 덮친 데다 방사능이 공기 중에 노출되는 타람에 살아남은 사람들도 큰 공포에 떨어야 했지."

삼촌은 고개를 절레절레 흔들며 말했어요.

"삼촌, 도대체 지진은 왜 일어나는 거예요? 우리나라에도 지진이 일어날 수 있어요?"

지우는 내내 궁금하던 것을 삼촌에게 물었어요.

"그 복잡한 이야기를 해 달라고? 좋아, 삼촌이 최대한 쉽게 이야기해 줄 테니, 귀를 쫑긋하고 끝까지 잘 들어야 해. 우선 지진을 말하려면 이 땅이 어떻게 생겼는지부터 알아야겠지?"

외교통상부 신속대응팀　정부가 재외국민과 급증하는 해외 여행객의 보호를 위해 국외에서 일어나는 천재지변, 정치적 격변과 같은 위기 상황 시 신속하게 대응하여 재외국민을 보호(구조)하기 위한 외교통상부 산하 조직이다. 그동안 소말리아 동원호 피랍, 캄보디아 항공기 추락, 예멘 관광객 테러 사건, 일본 지진 해일 등 23곳에서 우리 국민의 구조 활동을 하였다.

우리가 서 있는 땅이 움직인다고?

일본 사람들은 자신들이 딛고 있는 땅이 불안하다는 걸 옛날부터 알고 있었고, 많은 방책을 세워 두었어. 하지만 인간의 힘으로 막기에는 지구가 너무 크게 꿈틀거렸단다. 어떤 일이 있어도 단단하게 받쳐 줄 것만 같던 땅이 움직이고, 흔들리고, 꿈틀거리고, 갈라지기까지 한다니 믿어지니?

 ## 지구는 어떤 모양일까?

지구는 둥근 모양으로 겉면에서 중심까지가 6,400km 정도야. 하지만 사람이 구멍을 뚫어 중심을 향해 접근할 수 있는 깊이는 그중 고작 20km 정도뿐이란다.

지구 겉면에서 중심까지는 여러 층으로 나뉘어 있어서 잘 익은 복숭아를 상상하면 돼. 복숭아 씨앗처럼 지구에도 중심 부분인 '핵'이 있단다. 핵은 '내핵'과 '외핵'으로 나뉘는데, 안쪽이 내핵이고, 바깥쪽이 외핵이야. 밤하늘에 뜨는 달과 크기가 비슷한 내핵은 대부분 뜨거운 금속 성분으로 이루어져 있고, 온도가 4,700도 정도라고 해. 얼마나 뜨거운지 상상조차 할 수 없는 온도지.

외핵도 철과 니켈 같은 금속으로 이루어져 액체 상태를 하고 있어. 두께는 2,200km 정도로 그 둘레를 '맨틀'이 싸고 있단

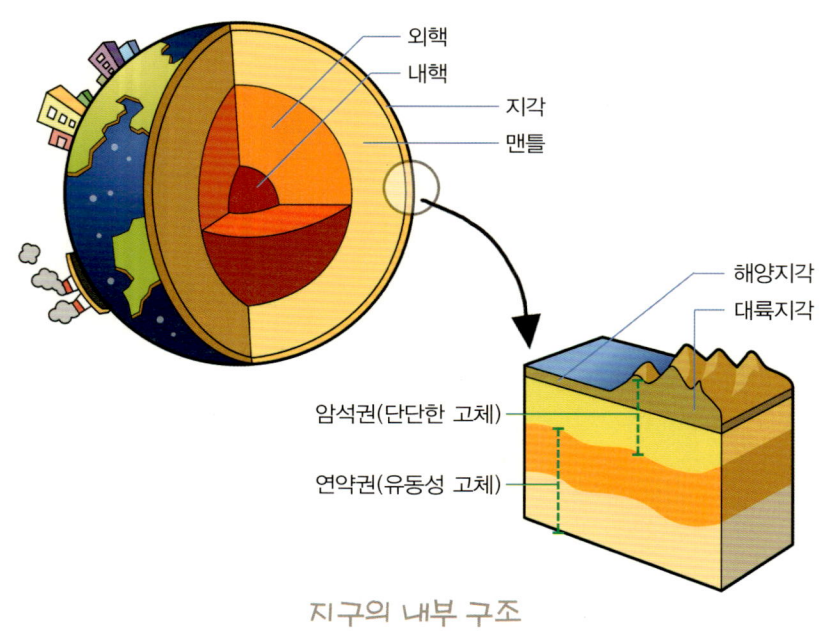

지구의 내부 구조

다. 뜨겁고 말랑한 바위로 이루어진 맨틀의 두께는 2,900km 정도야. 이 맨틀의 가장 안쪽은 걸쭉하고 뜨거운 마그마로 이루어져 있지.

마지막으로 우리가 발을 딛고 있는 맨 바깥 부분이 바로 단단한 바위와 흙으로 이루어진 '지각'이란다.

지진은 왜 일어날까?

우리가 서 있는 '지각'은 10개 정도 되는 판들이 퍼즐처럼 맞추어져 있어. 이 판들은 맨틀 위에 뜬 상태로 사람들이 알아챌 수 없을 만큼 서서히 움직이다 서로 밀거나 부딪치면서 지진과 화산 같은 자연재해를 일으키게 되지.

지각판이 서로 부딪치다 보면 만나는 경계 부분에서 엄청난 충격이 발생되는데, 이 충격이 진동되어 사방으로 퍼져 나가는 거야. 그래서 큰 지진이 일어나면 땅이 옆으로 흔들리거나 '쩍' 소리를 내며 갈라지기도 해. 또 창문이 와장창 깨지거나 건물이 와르르 무너지고, 자동차가 장난감처럼 위로 튕겨 올랐다가 떨어지기도 하지.

 땅은 고작 몇 초, 또는 몇 분이 흔들렸을 뿐인데 도시 전체가 폭삭 무너질 수도 있단다. 그뿐 아니라 큰 지진이 일어난 뒤에는 여진이 며칠에서 몇 주, 혹은 몇 년간 일어나는데, 그 피해도 무시할 수 없단다.

 세계에서 지진이 가장 자주 일어나는 지역은 '환태평양 지진대'야. 태평양을 고리 모양으로 둥그렇게 둘러싸고 있는 부분

환태평양 지진대

이지. 칠레와 미국의 서쪽부터 알류샨 열도, 쿠릴 열도, 일본 열도, 대만, 말레이 제도를 이으면 둥근 고리 모양이 되는데, 이곳에서 전 세계 지진의 90%가 일어나고 있단다. 화산 폭발의 70~80%도 이곳 환태평양 지진대에서 일어나고 있지.

실제로 2004년 12월 동남아시아에서 수십만 명의 목숨을 앗아간 초대형 쓰나미(지진 해일)도 이곳 환태평양 지진대에 위치한 나라들의 해안에서 일어났단다.

TIP

지진을 측정할 수 있을까?

지진은 지진 관측소에 설치된 지진계로 관측할 수 있어. 지진계는 지진이 일어나는 지점이나 지진의 세기, 시간 등을 기록하기 위해 만든 기계야.
원리는 간단해. 펜이 고정된 추를 공중에 매달아 놓고 그 아래에 기록할 종이를 놔두면 지진이 일어날 때 펜이 종이에 지진파를 그리는 거야. 보통 지진계는 한 방향만을 기록하기 때문에 동서, 남북, 상하 방향을 기록할 수 있는 세 개의 지진계를 설치해 둔단다.

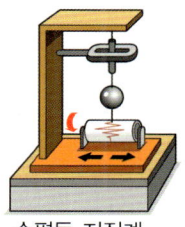
수평동 지진계

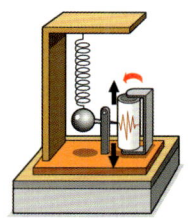
상하동 지진계

지진 세기는 규모야? 진도야?

지진의 크기를 나타내는 척도로 진도와 규모가 사용돼. '진도'는 지진 진동이 느껴지는 정도와 피해 정도에 따라 12등급으로 구분해. 그리고 '규모'는 지진이 일어난 지점에서 내보내는 에너지의 양을 척도로 1.0에서 9.0으로 구분하지. 규모가 한 단계 올라갈 때마다 에너지 양이 25~30배 정도씩 커져 점점 강한 지진을 일으킨단다.

 ## 우리나라에도 지진이 일어날까?

우리나라는 이웃 나라 일본과 달리 1년에 평균 17회 정도의 약한 지진이 발생해. 정말 17회나 되냐고? 놀랄 것 없어. 이 지진들은 대부분 우리에게 피해를 주지 않고, 거의 느낄 수조차 없으니까. 이것은 우리나라의 땅이 비교적 안정적인 지각판 위에 자리 잡고 있기 때문이야.

규모	진도	현상
1.0~2.9	1	특별히 좋은 상태에 있는 소수의 사람만 느끼며, 보통은 지진계에서만 감지가 된다.
3.0~3.9	2	건물의 높은 층에 있는 소수의 사람만 느낀다.
	3	건물의 높은 층에 있는 사람은 뚜렷하게 느낀다.
4.0~4.9	4	건물 안에 있는 많은 사람이 느낄 수 있고, 창문이 흔들린다.
	5	거의 모든 사람이 느끼며, 창문 일부분이 깨진다.
5.0~5.9	6	모든 사람이 느낄 수 있고, 가구가 흔들리기도 한다.
	7	가구가 넘어지고, 벽돌, 타일 등이 떨어진다. 차를 운전하는 사람도 진동을 느낄 수 있다.
6.0~6.9	8	견고하게 지어진 건축물은 가벼운 피해만 입지만, 굴뚝, 기둥, 기념탑, 벽과 같은 시설물은 붕괴된다.
	9	땅이 갈라진 틈이 뚜렷하게 보이고, 산사태가 일어나는 지역도 있다. 모든 건물이 파괴되고 부분적으로 무너지기도 한다.
7.0 이상	10	대부분의 건축물이 기초까지 무너진다.
	11	다리, 댐 등이 크게 파괴되거나 일부만 겨우 남는다.
	12	거의 모든 시설이 파괴된다. 물체가 공중으로 던져지고, 땅이 물결치듯 위아래로 움직인다.

한반도에서 최초의 지진은 고구려 유리왕 21년인 서기 2년에 만주 졸본에서 일어났다는 기록이 있어. 또 서기 779년 삼국 시대에 경주에서 일어난 지진은 100여 명의 목숨을 빼앗으며, 한반도에서 가장 인명 피해가 큰 지진으로 기록되고 있단다.

지진과 동물의 이상 행동

지진이 일어나기 전 동물들이 먼저 그것을 느끼고 이상한 행동을 한다는 얘기를 들어 본 적 있니? 1969년 중국의 텐진에서도 규모 7.4의 강진이 발생했는데, 이때 조용히 있던 곰이 소리를 지르고, 뱀들이 굴속으로 들어가 숨는 것을 동물원 관리인들이 보았대.

또 1975년에도 중국 하이청에서 뱀이 도로로 기어 나와 얼어 죽고, 말이 팔짝팔짝 날뛰었는데, 그로부터 정확히 사흘 뒤에 규모 7.3의 대지진이 발생했다지 뭐야. 그리고 2005년 10월에도 까마귀들이 비명처럼 '까악까악' 울음소리를 내며 둥지를 떠나는 것을 보고 지진의 징조일 거로 여측했대.
　만약 동물들의 이상 행동과 지진의 관계를 더 정확히 분석할 수 있다면, 지진을 조금이라도 미리 디비할 수 있게 될 거야.

지진이 발생하면 어떻게 대처할까?

❶ 집 안에 있을 때

가스불이 켜져 있으면 서둘러 끄고, 방석 등으로 머리를 보호한 뒤 튼튼한 탁자 밑에 들어가 탁자 다리를 꽉 붙잡는다.

❷ 백화점이나 극장, 지하상가 등에 있을 때

많은 사람이 모이는 곳에서는 큰 혼란이 일어날 수 있으므로, 안내자의 지시에 따라서 행동한다. 만약 불이 나면 연기를 마시지 않도록 몸을 낮추고 빨리 몸을 피한다.

❸ 엘리베이터를 타고 있을 때

지진이 일어날 때 엘리베이터를 타고 있다면 가장 가까운 층에서 신속히 내린 뒤 대피하고, 갇혔을 때는 침착하게 인터폰으로 구조를 요청한다.

❹ 산이나 바다에 있을 때

산사태 또는 지진 해일이 발생할 수 있으므로 안내방송에 따라 안전한 곳으로 이동한다.

리얼 스토리

와르르, 집이 무너져 내렸어요

2010년 1월 12일 오후 4시 53분. 7살 주드는 그 짧은 순간을 생생히 기억하고 있어요.

'우르르릉!'

마을 공터에서 놀던 주드는 큰 폭탄이 떨어지는 것 같은 굉음과 진동으로 중심을 잃고 뒤로 넘어졌어요. 땅이 파도치는 것처럼 좌우로 흔들리는 게 똑똑히 보였지요. 사방에서 비명이 들리고, 벽돌로 지은 집들이 무너져 내렸어요.

주드는 다리가 후들후들 떨렸지만, 가까스로 일어나 집으로 달렸어요. 하지만 산기슭에 자리 잡은 작은 집들은 이미 무너져 내리고 있었지요. 그때 또다시 '쿵' 하는 소리가 들리며 진동이 느껴졌어요. 지진 뒤에 따라오는 여진이었지요. 공포의 시간이 지나고 주드는 집을 무사히 빠져나온 엄마와 동생들을 만났어요. 하지만 시내에 나갔던 아빠는 살아 돌아오지 못했지요. 이 지진으로 아이티 대통령궁과 국회 의사당을 비롯한 큰 건물들이 붕괴하였고, 주드처럼 거의 모든 국민이 가족과 집을 잃는 큰 피해를 입었어요.

역사상 최대의 지진

중국 산시성 지진

발생일 | 1556년 1월 23일
세기 | 기록 없음
피해 | 지진 후 전염병까지 돌아 83만 명의 사망자가 발생하며, 인류 역사상 희생자 수가 가장 많은 지진으로 기록되었다.

칠레 지진

발생일 | 1960년
세기 | 규모 9.5
피해 | 지진 관측 역사상 가장 큰 규모의 지진으로 사망자는 약 5,700명 정도로 규모에 비해 많지 않았지만, 쓰나미가 태평양을 건너 필리핀까지 도달했다.

일본 동북부 지진

발생일 | 2011년 3월 11일
세기 | 규모 9.0
피해 | 지진과 쓰나미로 사망자가 4만 명에 이르고, 원자력 발전소 폭발로 63만 명이나 되는 사람이 대피했다. 파괴된 집과 건물 수가 4만 6천 채나 되었다.

지진 해일 집채만 한 파도가 밀려온다!

"삼촌, 쓰나미가 뭐예요? 뉴스에서 일본에 쓰나미가 몰려왔다고 하는데, 무슨 괴물이라도 되는 거예요?"

피곤해서 일찍 잠자리에 들려는 삼촌에게 지우가 딱 달라붙어 물었어요.

"뭐? 괴물? 맞다, 괴물도 아주 무시무시한 괴물이지."

삼촌은 몸을 반쯤 일으키더니 손을 들어올려 괴물 흉내를 내며 장난을 쳤어요.

"정말 무시무시한 괴물이에요? 그럼 일본 닌자들이 물리치면 되잖아요."

지우는 흥미진진한 표정으로 말했어요.

"뭐? 이런 엉뚱한 녀석을 보았나. 지우 넌 공상 만화를 너무 많이 봐서 탈이야. 쓰나미는 공상 만화에 나오는 그런 괴물이 아니야. 닌자가 물리칠 수 있는 것도 아니지. 쓰나미는 자연재해의 한 종류란다. 지진 때문에 일어나는 커다란 파도를 지진 해일이라고 하는데, 쓰나미는 그 지진 해일의 다른 말이야."

"에이, 난 또 뭐라고. 정말 괴물인 줄 알았는데……."

지우는 약간 맥이 풀렸어요. 하지만 일본을 덮친 쓰나미에 대해 호기심 생겼지요. 삼촌은 지우를 보며 빙그레 미소를 지으며 지진 해일에 관한 이야기를 들려주었어요.

해일 해저의 지각 변동이나 해상의 기상 변화에 의해 갑자기 바닷물이 크게 일어 육지로 넘쳐 들어오는 것을 말한다.

쓰나미가 뭐지?

'쓰나미(Tsunami)'는 1930년경부터 일본에서 사용된 말이야. '해안'을 뜻하는 일본어 '쓰(tsu)'와 '파도'를 뜻하는 '나미(nami)'가 합쳐진 달이지. 해안을 덮친 거대한 파도, 즉 지진해일을 쓰나미라고 부른단다. 쓰나미는 일본어지만 1963년에 국제과학회의에서 국제 용어로 정식으로 받아들여서 사용하고 있어.

물론 해일은 지진뿐만 아니라 폭풍이 불거나, 화산이 폭발하고, 빙하가 붕괴하면서도 일어날 수 있어. 이중 지진에 의해 일어나는 해일만 '쓰나미'라고 한단다.

쓰나미는 왜 일어날까?

바다 밑, 즉 해저에서 지진이 일어나 지각의 높이가 달라지면 그 위에 있던 물의 높이도 달라질 수밖에 없어. 달라진 물의 높이는 서둘러 다시 같아지기 위해 위아래 방향으로 크게 출렁거리게 되지.

바닷물의 이런 출렁거림을 '파동'이라고 부르는데, 이 파동은 옆으로도 빠른 속도로 계속 전달되어 간단다. 이것이 바로 지진 해일이야.

지진 해일의 전파 속도는 수심이 깊을수록 빠르고 낮을수록 느려. 예를 들어, 바다의 깊이가 4km이면 해일은 시속 720km로 빠르게 이동해. 여객기와 거의 맞먹는 속도라고 할 수 있어.

하지만 수심이 낮아지면 어떻게 될까? 물과 바닥과의 마찰이 커져서 속도가 점점 줄어들겠지? 그런데 문제는 파도의 앞쪽은 속도가 느려졌지만, 뒤에서 밀려오는 파도의 에너지는 그대로라는 거야.

그래서 폭이 줄어들고 에너지가 좁은 범위에 모이면서 물이 산처럼 높게 쌓인단다. 다시 말해서, 파도의 높이가 수십 미터나 되는 거대한 해일로 변하는 거지. 이 해일이 산처럼 밀려와 해안 지역을 순식간에 덮치면 끔찍한 재난이 된단다.

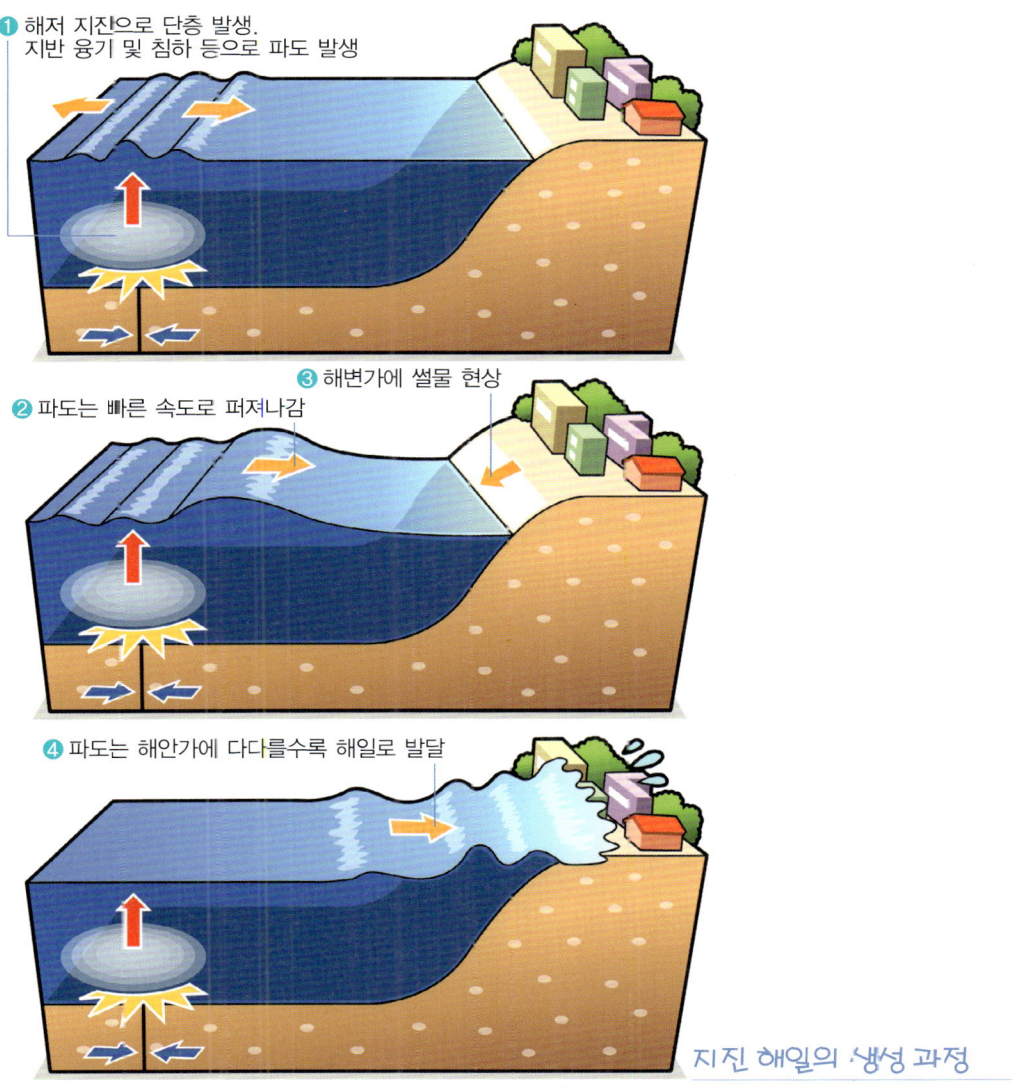

순식간에 밀려오는 파도

파도에는 골짜기에 해당하는 '골'과 꼭대기 부분에 해당하는 '마루'가 있어. 지진 해일의 파도가 골 부분부터 도착하면 해안의 물이 바다 쪽으로 일시적으로 빨려나가 바닥이 드러나. 하지만 곧바로 높은 마루가 도착하기 때문에 신기하다고 구경을 하고 있다가는 큰 위험에 처할 수 있어. 2004년 인도네시아에서 지진 해일이 일어났을 때도 사람들이 바닥이 드러난 것을 태연히 구경하다가 곧바로 밀려온 해일에 그대로 목숨을 잃었단다. 약 10분 간격으로 밀려오는 지진 해일은 보통 세 번째나 네 번째 파도가 최대 크기라고 해.

지진 해일은 어떻게 예측할까?

지진 해일을 정확히 예측하기는 어려워도 먼 곳에서 발생한 해일에 대해서는 도착 시각을 예측할 수 있어. 예를 들어, 지진이 동해 북동부에서 일어나면 해일은 1시간에서 1시간 30분 후에 동해안에 도달한다고 예측할 수 있지. 이 정도면 경보를 발령해서 사람들을 안전한 곳으로 피신시킬 수 있어.

강도	파도의 높이	현상
1	0.5	강도가 매우 약하다. 지진 해일을 측정하는 특수한 기계를 통해서만 알 수 있다.
2	1	강도가 약하다. 연안 지역으로 매우 잔잔하고 평탄한 파도가 밀려와 해안 지역에 사는 주민만 느낄 수 있다.
3	2	강도가 조금 크다. 일반 사람들도 느낄 수 있을 정도다. 경사진 해안으로 물이 범람하고, 바다 위에 있는 작은 배들이 파도에 의해 이동한다. 해안 근처에 설치된 간단한 구조물들이 약간씩 손상을 입는다. 하구에서는 상류로 강물이 약간 역류한다.
4	4	강도가 크다. 해안이 범람하고, 제방이나 둑이 손상된다. 해안 부근에 있는 가벼운 구조물들이 파손되고, 파도에 의해 대형 및 소형 선박이 육지 쪽으로 밀리거나 먼바다로 이동한다.
5	8	강도가 매우 크다. 해안이 크게 범람하고, 바다 근처의 부두와 무거운 구조물들이 파손된다. 가벼운 구조물은 파괴되고, 경작지가 씻겨 나간다. 어류 및 부유물이 해안으로 밀려온다. 대형 선박을 제외한 모든 배가 파도에 의해 육지나 먼바다로 이동한다. 하구에도 큰 해일이 발생하고, 사람들이 물에 휩쓸린다.
≧6	16	재앙에 가까운 강도다. 해안으로부터 상당히 떨어져 있는 인공 구조물도 파괴된다. 해안이 거의 물에 잠기고 파도에 의해 나무뿌리가 뽑힌다. 사망자가 많이 발생하고, 대형 선박도 파손된다.

하지만 최근 일본에서처럼 너무 가까운 곳에서 지진이 일어나 해일이 순식간에 밀려올 때가 문제야. 미처 피할 시간이 없거든. 따라서 지진 해일이 일어날 가능성이 높은 지역은 더욱 만반의 준비를 하여 신속히 대처할 수 있도록 해야 해.

우리나라에도 지진 해일이 일어날까?

최근에는 지진 해일이 일어난 적이 없지만, 역사적으로 1741년 강원도 평해와 1940년 나진묵호, 1983년 동해안 일대에 지진 해일이 밀어닥쳐 많은 집과 배들을 잃었다고 기록되어 있어.

실제로 동해는 남해나 서해보다 수심이 깊고, 일본과 가까워서 지진 해일이 일어날 가능성이 높아. 1993년에도 일본 앞바다에서 일어난 지진 때문에 동해안에 지진 해일이 있었대.

그러니 앞으로도 가능성이 아예 없다고 할 순 없지. 삼면이 바다로 둘러싸여 있는 데다, 지진이 자주 일어나는 일본과도 가깝기 때문에 우리나라에도 언제든 지진 해일이 일어날 수 있단다.

사람이 달려서 지진 해일을 피할 수 있을까?

지진 해일의 속도는 수심 5,000m에서 비행기와 같은 시속 800km이고, 수심 100m에서는 자동차와 같은 시속 110km라고 해. 해안가에 도착한 파도의 높이가 10m일 때 시속 36km 정도로 속도가 줄지만 육지의 형태나 높이에 따라 속도가 크게 달라질 수 있어. 2011년 일본에서 지진 해일이 일어났을 때는 달리는 자동차를 해일이 금세 따라잡아 덮쳤으니까.

따라서 연안에서 해일을 목격한 다음에 뛰어서 피하기란 거의 불가능해. 지진 해일을 피하는 가장 좋은 방법은 멀리 가는 게 아니라 무조건 높은 곳으로 올라가는 거야.

지진 해일이 발생하면 어떻게 대처할까?

❶ 지진 해일 발생 시 선박에 있을 때

① 바다보다 해안에서 지진 해일이 크게 증폭되므로 일부러 항구로 돌아갈 필요는 없다.

② 해안가에 있는 선박은 시간적인 여유가 있다면 수심이 깊은 지역으로 서둘러 이동한다.

③ 항구에서는 파도가 급격히 높아지므로 선박에 대한 안전 조치를 한 뒤 신속히 높은 지대로 대피한다.

❷ 지진 해일 발생 시 육지에 있을 때

① 땅에서 큰 진동을 느꼈을 때는 가까운 곳에서 지진이 발생한 것으로 즉시 높은 곳으로 대피한다.

② 바다에서 수영, 보트, 낚시 중이었다면, 즉시 멈추고 해안에서 멀리 떨어진 높은 곳으로 서둘러 이동한다.

③ 미처 대피하지 못했다면 떠내려갈 위험이 적은 콘크리트 건물의 가장 높은 곳으로 대피한다.

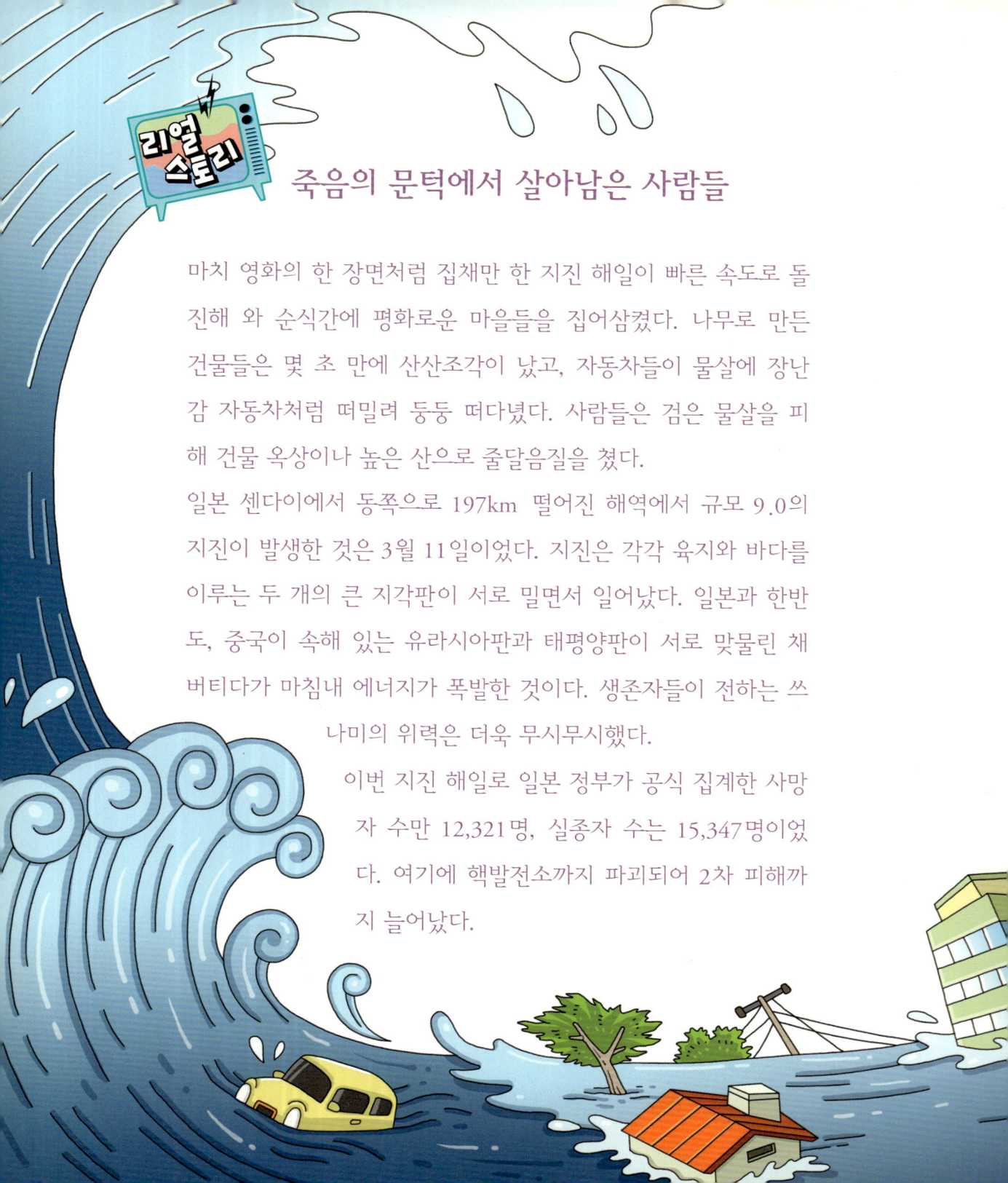

리얼 스토리
죽음의 문턱에서 살아남은 사람들

마치 영화의 한 장면처럼 집채만 한 지진 해일이 빠른 속도로 돌진해 와 순식간에 평화로운 마을들을 집어삼켰다. 나무로 만든 건물들은 몇 초 만에 산산조각이 났고, 자동차들이 물살에 장난감 자동차처럼 떠밀려 둥둥 떠다녔다. 사람들은 검은 물살을 피해 건물 옥상이나 높은 산으로 줄달음질을 쳤다.

일본 센다이에서 동쪽으로 197km 떨어진 해역에서 규모 9.0의 지진이 발생한 것은 3월 11일이었다. 지진은 각각 육지와 바다를 이루는 두 개의 큰 지각판이 서로 밀면서 일어났다. 일본과 한반도, 중국이 속해 있는 유라시아판과 태평양판이 서로 맞물린 채 버티다가 마침내 에너지가 폭발한 것이다. 생존자들이 전하는 쓰나미의 위력은 더욱 무시무시했다.

이번 지진 해일로 일본 정부가 공식 집계한 사망자 수만 12,321명, 실종자 수는 15,347명이었다. 여기에 핵발전소까지 파괴되어 2차 피해까지 늘어났다.

역사상 최대의 지진 해일

일본 지진 해일

발생일 | 1896년 6월 15일
피해 | 일본 앞바다에서 발생한 해일이 혼슈의 동쪽 해변을 강타했다. 파도의 높이가 거의 30m가 되었으며, 지진 해일로 약 1만 채의 가옥이 파도에 휩쓸려 나갔고, 2만 6천여 명의 사람이 목숨을 잃었다.

인도네시아 지진 해일

발생일 | 2004년 12월 26일
피해 | 인도네시아에서 규모 9.3의 강진이 발생한 이후 지진 해일이 해안 지역을 덮쳐 약 28만 명의 사람들이 목숨을 잃었다. 이 지진 해일은 반다아체 지역에서 40km 떨어진 해저 지진에 의해 발생한 것으로 가장 많은 인명 피해를 낸 쓰나미로 기록되었다.

화산 산이 불을 내뿜고 있어!

"뭐? 백두산 화산이 폭발한다고?"

지우는 짝꿍 유민이에게 그 이야기를 듣자마자 허겁지겁 집으로 달려왔어요.

"엄마! 엄마! 백두산 화산이 폭발한대요. 우리 당장 피난 가야 해요."

엄마는 마당을 들어서자마자 큰일이나 난 것처럼 소란을 피우는 지우를 보고 고개를 흔들었어요.

"그게 무슨 뚱딴지같은 소리니? 백두산 화산이 폭발한다고? 절대 그런 일은 없어."

"아니에요. 내 짝꿍 유민이가 뉴스에서 들었대요."

지우가 눈을 동그랗게 뜨고 말했어요.

"그게 진짜야? 언제 폭발한다는데?"

엄마는 여전히 믿지 못하겠다는 얼굴이었지만, 표정이 살짝 흔들리는 걸 보니 불안하신가 봐요.

"곧이요! 곧!"

"휴, 곧이라고? 그 말은 나도 하겠다. 오늘은 아니지? 그만 호들갑 떨고 들어와서 간식이나 뜨어."

그날 저녁, 지우는 삼촌이 퇴근하자마자 온 가족이 모인 데서 백두산 화산에 대해 속사포처럼 물었어요.

"삼촌, 백두산 화산이 폭발한다는데 진짜예요? 우리 피난 안 가도 돼요?"

지우의 질문에 삼촌은 빙긋 웃음을 지으며 대답했어요.

"백두산 화산? 백두산은 사화산이 아니라 휴화산이니까 언젠가는 폭발할 수도 있지. 최근에는 지진이 잦아지고 산 정상이 10cm 정도 부풀어 오르는 등 폭발 징조도 있다지? 그런데 지우야, 화산이 뭔지는 알고 있어? 화산이 폭발하면 어떤 일이 벌어지는지도?"

지우는 삼촌의 대답에 처음에는 그것 보라는 듯이 의기양양하게 엄마를 돌아보았지만, 갑작스러운 질문에 맹꽁이 같은 맹한 표정을 지었어요.

백두산 함경도와 중국 지린 성에 걸쳐 있으며, 높이 2,750m로 한반도에서 가장 높은 산이다. 산꼭대기는 칼데라 호인 천지가 회백색의 부석으로 이루어진 16개의 봉우리에 둘러싸여, 1년 중 8개월 이상이 눈에 덮여서 희게 보인다. 백두산은 휴화산으로 현재는 화산 활동을 쉬고 있다.

화산 활동은 왜 일어날까?

땅속 깊은 곳에 있던 마그마가 땅속이나 땅 표면 근처에서 일으키는 여러 가지의 작용을 화산 활동이라고 해. 용암 분출, 가스나 연기 분출 등이 모두 화산 활동에 속하지. 이 화산 활동도 지진과 마찬가지로 환태평양 조산대에서 대부분 일어나.

앞에서 말했듯이, 태평양을 받치고 있는 태평양판이 여러 개의 판과 맞닿아 있다 보니 서로 부딪치기도 하고, 떨어져 나가기도 하면서 그 틈으로 부글부글 끓고 있던 뜨거운 마그마가 뚫고 올라오는 거야.

그렇다고 화산이 마그마를 분출하는 모습이 모두 같지는 않아. 어떤 화산은 '콰쾅' 소리와 함께 폭발하고, 어떤 화산은 조용히 물이 흐르듯이 마그마를 내보내지.

이건 마그마를 이루는 성분이나 온도에 따라 마그마의 농도가

화산 지각 아래에 있는 마그마가 지각의 약한 부분을 뚫고 분출하는 지점이나, 그 분출물이 화구를 중심으로 쌓여서 굳은 채 산을 이룬 것을 말한다.

태평양판 지구 표면을 덮고 있는 여러 개의 판 가운데서 태평양 바다 밑을 이루고 있는 부분을 말한다.

묽어지기도 하고, 되직해지기도 하기 때문이야.

　마그마가 땅 위로 나온 것을 용암이라고 하는데, 온도가 낮으면 용암이 되직해져 물처럼 흐르지 않기 때문에 화산의 분화구를 막을 수 있어. 그러면 가스와 증기가 용암 밑에 쌓여서 압력

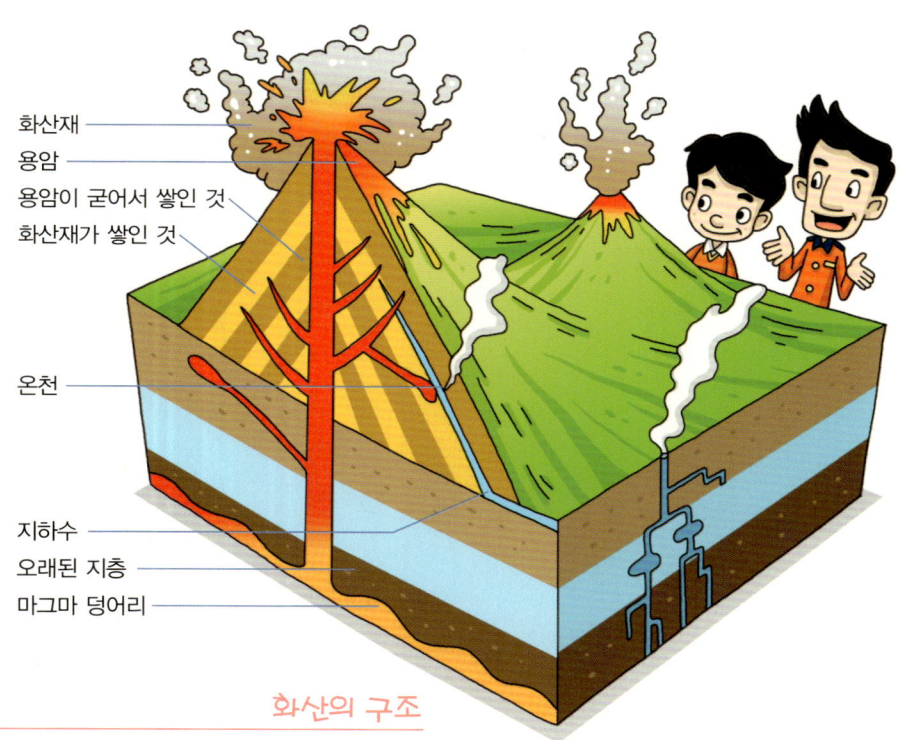

화산의 구조

이 점점 높아지겠지? 압력이 계속 높아지다 마침내 화산이 '콰쾅' 소리를 내며 갑자기 폭발해. 이때 용암과 함께 화산재와 가스, 돌멩이 등의 화산 쇄설물이 하늘 높이 뿜어져 나오게 되지.

반대로 온도가 높으면 용암이 묽어서 뚫려 있는 분화구를 통해 물처럼 천천히 흘러나온단다.

화산분출물

❶ 화산 가스 : 수증기가 대부분이고 그 밖에 이산화탄소, 질소, 이산화황 등으로 구성되어 있다. 많은 양의 화산진(화산재 중 작은 부스러기)이 함께 나와서 마치 검은색 연기처럼 보인다.

❷ 용암 : 액체 상태의 뜨거운 마그마가 땅 위로 분출된 것이다.

❸ 화산탄 : 화산이 폭발할 때 공중으로 솟구쳤던 용암이 굳어진 암석이다.

❹ 화산재 : 화산이 분출할 때 나온 용암의 부스러기 중에서 크기가 4mm 이하인 작은 알갱이들을 말한다.

화산 모양은 왜 다르지?

앞에서 이야기한 것처럼 화산은 가스 폭발 없이 평온하게 용암을 분출하기도 하고, 강하게 불규칙적으로 폭발하기도 해.

강하게 폭발을 할 때는 용암이 높은 기둥처럼 치솟아 올라서 화산재나 돌멩이를 멀리까지 날려 보내기도 하고, 하늘 높이 시커먼 연기를 내뿜기도 해.

이런 특징에 따라 화산의 형태도 매우 다양하게 나타나는데 크게는 순상화산, 성층화산, 종상화산으로 나눌 수 있어.

❶ 순상화산

방패를 엎어 놓은 것처럼 완만하고, 산 정상에 큰 분화구가 있는 화산이야. 분화구에서 여러 번 분출된 용암이 사방으로 흘러 넓고 완만한 경사를 이룬 형태지. 하와이 섬이 바로 이렇게 만들어졌어.

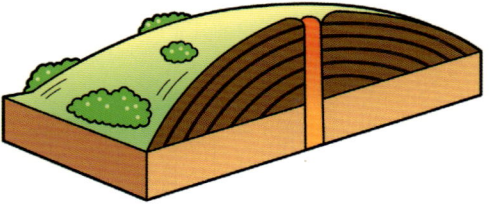

❷ 성층화산

　용암과 가스, 화산재, 돌멩이 같은 화산 쇄설물이 번갈아 가며 분화구를 중심으로 쌓인 원뿔 모양의 화산이야. 성층화산은 산기슭의 경사가 매우 급한 편이야. 오랜 기간에 걸쳐 화산이 분화하면서 만들어진 형태이기 때문이지. 일본의 후지산, 필리핀의 메이온산, 시칠리아 섬의 에트나산이 가장 대표적인 성층화산이란다.

❸ 종상화산

　종을 엎은 모양과 같이 산꼭대기가 둥글고 측면은 경사가 급한 화산이야. 점성이 큰 용암이 땅 위로 밀려 올라온 뒤 굳어져서 생긴 화산이란다. 미국의 세인트헬렌스산이 대표적인 종상화산이란다.

TiP

화산의 일생

❶ 활화산 : 현재 화산 활동을 하고 있는 산으로, 빙하기 이후 1만 년 이내에 분출이 있었던 화산.
❷ 휴화산 : 지금은 화산 활동을 쉬고 있는 화산으로, 역사상 화산 활동의 기록이 남아 있는 화산.
❸ 사화산 : 더 이상 화산 활동이 일어나지 않은 죽은 화산으로, 역사상 화산 활동 기록이 없는 화산.

★ 최근에는 휴화산이나 사화산이라는 용어는 잘 쓰지 않고, 활화산에 모두 포함시켜 활화산과 그 외의 산으로 구분한답니다.

위협적인 화산 폭발

화산 폭발은 인류에게 매우 위협적이야. 산 하나를 날려 보낼 정도의 큰 폭발과 함께 1,000도가 넘는 뜨거운 용암이 흘러나와 숲이나 마을 전체를 뒤덮어 버리거든.

폭발과 함께 분출된 화산재, 가스, 돌멩이 등은 훨씬 위협적이야. 뜨거운 돌멩이가 빠른 속도로 날아가 건물이나 도로에 떨어지기도 하고, 화산 가스가 도시 전체를 뒤덮어 숨조차 쉴 수 없게 만들거든.

실제로 화산 쇄설물이 도시 전체를 30초 만에 파괴한 적도 있다고 해. 눈처럼 쏟아지는 화산재도 매우 위험해. 화산재가

하늘 높이 올라가 태양 빛을 막으면 심한 경우 기후 변화까지 일으킬 수 있거든. 게다가 건물 위에 무겁게 쌓여 건물을 와르르 무너뜨리거나 식물 위에 내려앉아 말라 죽게 만들기도 하지.

또 분화구에서 나온 바위나 암석 부스러기가 물과 함께 쓸려 내려오면 큰 산사태가 일어나는 때도 있어. 일반적으로 화산 지역은 나무가 적고 땅도 단단하지 않기 때문에 적은 비만 내려도 쉽게 무너진단다.

화산이 우리에게 도움이 될까?

화산이 꼭 나쁘다고만은 할 수 없어. 세계에서 가장 큰 활화산인 킬라우에아 화산은 용암을 분출하여 하와이 섬을 만들었잖아. 우리나라의 제주도나 울릉도도 화산에 의해 만들어진 땅이고 말이지.

또 화산 활동으로 분출된 칼륨, 인 같은 물질들은 땅을 비옥하게 만들어. 이 때문에 전 세계 인구의 10%나 되는 사람들이 위험한 줄 알면서도 활화산 주변에서 땅을 일구며 살기도 하지. 150여 개의 활화산이 있는 아이슬란드는 화산에서 뿜어져 나오는 열을 이용해 난방하고, 작물을 키우거나 전기를 생산한단다.

무엇보다 빼놓을 수 없는 것은 화산이 보여 주는 아름다운 경관이야. 우리나라의 화산섬 제주도는 2007년 세계자연유산으로

등재됐을 정도로 유명해. 한라산 백록담을 비롯한 한라산 천연 보호 구역과 성산 일출봉, 거문오름 등 다양한 화산 지형과 용암 동굴도 매우 아름답지.

그래서 하와이, 제주도, 울릉도 등에는 관광객들이 붐비고, 화산에서 흘러나오는 유황 온천에 들러 목욕을 하는 사람들도 많단다.

우주에서도 화산이 폭발할까?

목성의 주변을 도는 위성인 '이오'는 용암이 흐르는 강과 뜨거운 유황 호수로 뒤덮여 있어. 이곳에 있는 거대한 화산들은 태양계에서 가장 뜨거운 지점이라고 보면 돼. 온도가 섭씨 1,600도에 이르거든. 하늘 높이 치솟은 연기 기둥도 허블 망원경으로 보일 정도로 거대해. 지구에서 화산이 폭발하면 연기 기둥이 15~30km까지 치솟지만, 지구보다 중력이 낮은 이오에서는 연기 기둥이 수백 킬로미터까지 솟는단다. 게다가 최대 300개에 달하는 화산이 항상 폭발하고 있어.

화산 활동이 지구 온난화를 늦춘다고?

화산 폭발과 함께 뿜어져 나오는 눈에 보이지 않는 미세 입자 에어로졸이 햇빛을 막아 지구 온난화를 늦춘다는 연구결과가 나왔어. 보통은 먼지나 연기에서 생긴 에어로졸이 대류권까지만 올라가 머물지만, 화산 폭발로 생긴 에어로졸은 그보다 높은 성층권까지 올라갈 수 있다고 해.

　이렇게 성층권까지 올라간 에어로졸이 햇빛을 우주로 반사하거나 스스로 흡수하며 지구가 뜨거워지는 것을 막는 거지. 성층권의 에어로졸은 꾸준히 증가해 2000년대에만 지구 평균 기온을 0.05도 낮추며, 지구 온난화를 늦추고 있단다.

화산이 폭발하면 어떻게 대처할까?

❶ 집 안에 있을 때

① 유해 가스가 집 안으로 들어오지 않도록 문틈이나 환기구 등을 젖은 수건이나 테이프로 꼼꼼하게 막는다.

② 화산재가 내려앉아 물이 오염될 수 있으므로 비상용 식수를 사용하고, 물은 화산재를 가라앉힌 뒤 윗물만 사용한다.

③ 화산재가 떨어질 때는 앞이 잘 보이지 않으므로 밝아질 때까지 실내에 머문다.

❷ 2차 피해 예방법

① 화산가스의 중독을 방지하기 위해 마스크나 손수건, 옷으로 코와 입을 막고 자동차 또는 건물로 대피한다.

② 배수로가 막히지 않도록 미리 빗물받이나 배수관을 지붕 홈통에서 분리해 둔다.

③ 화산재가 건물의 지붕에 쌓이면 무너질 위험이 있으므로 많이 쌓이지 않도록 계속 치운다.

플리니의 편지

이탈리아 베수비오 화산이 폭발한 날은 서기 79년 8월 24일이었네. 나는 미세눔에서 함대와 함께 그곳 사람들을 구출하기 위해 서둘러 출항했지.

우린 배를 폼페이 근처의 해안으로 접근시켰어. 거대한 구름 기둥이 보이고, 벌써 화산재가 떨어지고 있었지. 잠시 뒤에는 화염에 까맣게 탄 균열이 생긴 돌들까지 떨어졌어. 베수비오산 여러 지점에서는 큰 불기둥이 솟아올랐고, 화산 잔해물로 해안이 봉쇄된 곳이 많아 우린 남쪽 스타비아이에 상륙했지.

우린 놀란 주민과 해안 근처의 목욕탕에서 하루 묵기로 했네. 그러나 이른 새벽 화산에서 날아온 화산재와 돌들로 서둘러 목욕탕을 빠져나와야 했지.

벌써 유황 냄새가 매우 짙었고, 여기저기서 불길이 일었거든. 사람들을 재촉해 배가 있던 곳으로 달렸지만, 그중에는 독한 연기에 질식해 안타까운 죽음을 맞은 사람들도 있었다네. 정말 다시는 돌아가고 싶지 않은 무서운 시간이었어.

역사상 최대의 화산 폭발

이탈리아 베수비오 화산

분출일 | 79년, 1631년
피해 | 79년의 분출 때는 폼페이와 헤르쿨라네움 두 도시를 묻어 3,360여 명의 목숨을 앗아갔고, 그 뒤로도 50번이나 분출을 했다. 거의 100년마다 한 번씩 폭발을 일으키던 베수비오 화산은 1631년 다시 분출하여 4,000여 명의 목숨을 앗아갔다.

인도네시아 탐보라 화산

분출일 | 1815년 4월 5일
피해 | 1815년 탐보라 화산의 폭발은 화산 주변으로 40km에 이르는 지역을 용암으로 뒤덮었다. 유황 가스도 4억 톤가량이 뿜어져 나와 유독 가스를 만들어 내고, 수억 톤의 화산재가 하늘을 뒤덮어 태양까지 가렸다. 화산재는 바람을 타고 지구 전역으로 이동했는데, 이 때문에 다음 해 유럽에는 여름이 사라지고 눈과 서리까지 내렸다.

2장 기상 변화로 일어나는 자연재해

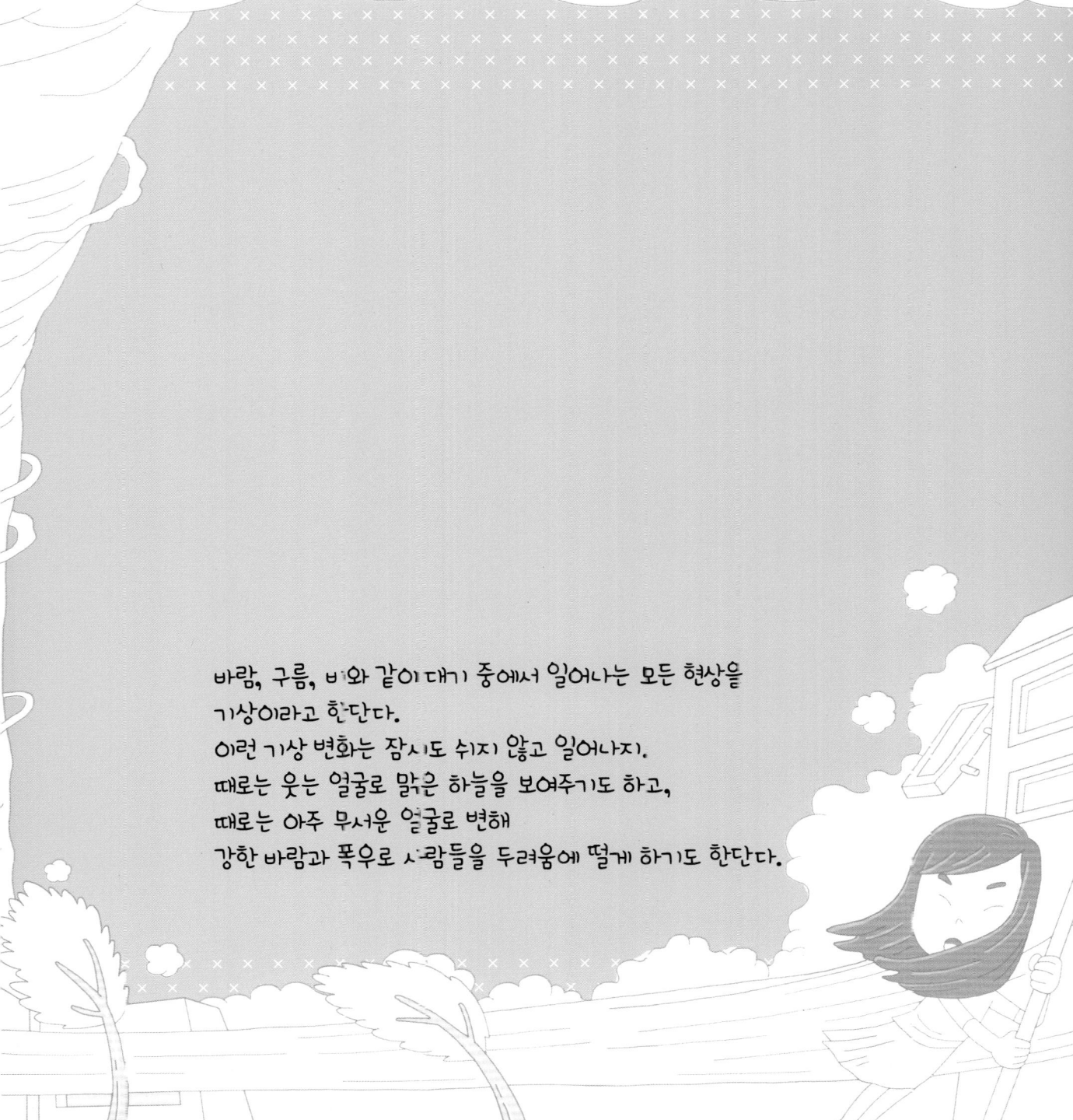

바람, 구름, 비와 같이 대기 중에서 일어나는 모든 현상을
기상이라고 한단다.
이런 기상 변화는 잠시도 쉬지 않고 일어나지.
때로는 웃는 얼굴로 맑은 하늘을 보여주기도 하고,
때로는 아주 무서운 얼굴로 변해
강한 바람과 폭우로 사람들을 두려움에 떨게 하기도 한단다.

태풍 슈퍼 태풍이 다가온다고?

"기상청입니다. 7월 28일 필리핀 부근 해상에서 발생한 제9호 태풍 '무이파'의 영향으로 서울, 경기 지역에 오늘도 강풍을 동반한 비가 내리겠습니다. 오후에는 비가 잠깐 그치겠지만, 지역에 따라 시간당 30mm 이상의 강한 비가 내리는 곳도 있겠습니다. 축대 붕괴, 산사태, 낮은 지대 침수 등 안전 관리에 철저히 대비해 주시기 바랍니다."

뉴스를 보는 지우의 얼굴이 울상이 되었어요. 모처럼 온 가족이 동해안으로 여름휴가를 왔는데, 태풍 때문에 펜션에만 갇혀 있게 되었으니까요.

"에이, 이게 뭐야. 난 태풍이 정말 싫어."

"후유, 그러게 말이다. 하필 휴가를 온 날 태풍주의보가 내리다니!"

삼촌도 창밖을 내다보며 한숨을 푹 내쉬었어요.

"그나저나 걱정이다. 이번 태풍에는 큰 피해가 없어야 할 텐데……."

구조대원 아니랄까 봐 삼촌은 걱정 어린 표정을 지었어요.

밖에 나갈 수 없어 심심한 지우가 팽이를 돌리는 모습을 보며 삼촌이 말했어요.

"야, 이거 소용돌이처럼 돌아가는 게 꼭 태풍 같은걸?"

"정말로요? 태풍이 이렇게 생겼어요?"

지우는 태풍이 빙글빙글 빠르게 돌아가는 팽이처럼 생겼다는 말에 금세 호기심을 보였어요.

태풍 무이파 2011년 8월 북서태평양에서 발생한 9호 태풍으로, 태풍의 길목에 놓였던 일본 오키나와 섬, 중국, 대한민국에 강력한 강풍과 물폭탄 같은 많은 비를 뿌려 큰 피해를 냈다. 무이파는 마카오에서 제출한 이름으로 '서양 자두 꽃'을 의미한다.

바람은 어떻게 불까?

공기는 압력이 높은 곳에서 낮은 곳으로 이동하는 성질을 가지고 있어. 이런 공기가 옆으로 이동하는 것을 '바람', 위아래로 이동하는 것을 '기류'라고 해. 태양열을 받아서 따뜻해진 공기가 팽창해서 위로 올라가면, 그 빈 곳을 채우기 위해 주변에서

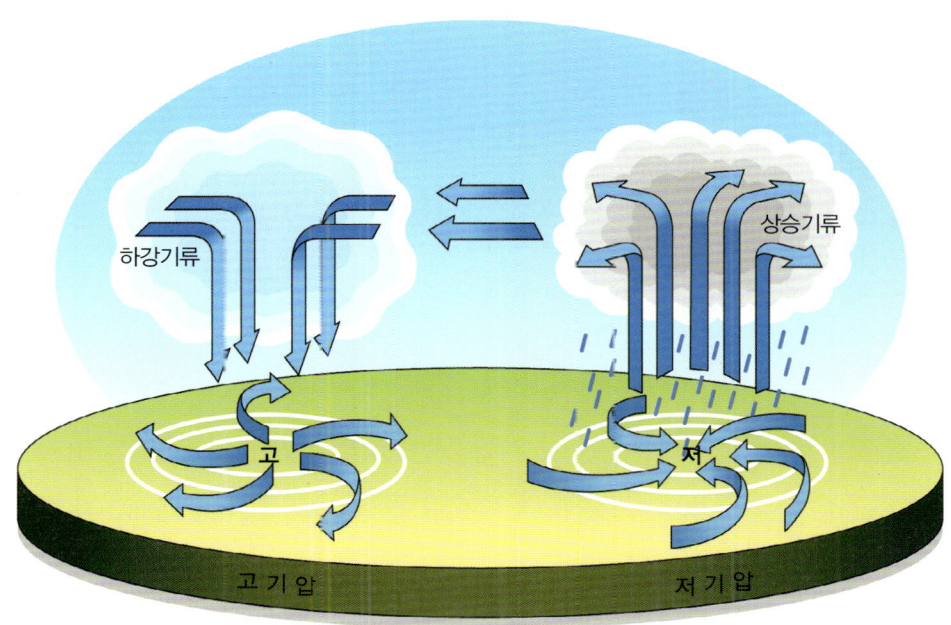

공기의 흐름(바람의 원리)

다른 공기가 불어 들어오게 돼.

　낮에는 육지가 바다보다 빨리 뜨거워지기 때문에 육지 쪽의 공기가 팽창◆해서 올라가고, 바다 쪽에서 공기가 들어와. 즉 바다에서 육지로 바람이 부는 거야. 이 바람을 '해풍'이라고 해.

　밤에는 바다보다 육지가 더 빨리 식기 때문에 바다 온도가 더 높아. 그래서 바다의 공기가 육지의 공기보다 더 많이 상승하면서 저기압◆ 상태가 돼. 그렇게 되면 이번에는 육지에서 바다로 '육풍'이 불게 되지.

팽창 물체의 길이나 부피가 늘어나거나 커지는 현상.

저기압 공기의 밀도가 낮아져 주위보다 상대적으로 기압이 내려간 상태.

태풍은 왜 발생할까?

태풍은 시속 120km 이상의 속도로 움직이는 열대성 저기압이야. '태풍의 눈'이라고 불리는 중심을 주위로 큰 회오리처럼 돌면서 이동을 하지.

지구를 공기가 둘러싸고 있다는 건 알지? 지구는 공전과 자전을 하기 때문에 태양으로부터 받는 열에너지가 지역마다 차이가 있어.

이때 지구를 둘러싼 공기의 밀도도 열에너지 때문에 어느 지역은 높고, 어느 지역은 낮아져. 공기의 밀도가 높은 지역은 기

태풍의 눈

압이 높아져 고기압이 되고, 밀도가 낮은 지역은 기압이 낮아져 저기압이 되지.

저기압 지역은 주위보다 기압이 낮아져 사방에서 바람이 불어와. 여기에 지구가 자전하며 빙글빙글 회전하는 힘이 더해지면서 소용돌이가 생기게 되는데 그게 바로 태풍이야. 이때 저기압이 온대 지방에서 발생하면 온대성 저기압, 열대 지방에서 발생하면 열대성 저기압이 된단다.

태풍은 어떻게 움직일까?

열대성 저기압에 의해 발생한 이 소용돌이 바람은 북반구에서는 반시계 방향으로, 남반구에서는 시계 방향으로 빠르게 회전하며 이동해. 그리고 지나는 지역에 강한 비를 뿌린단다.

신기한 건 태풍의 중심축이 되는 '태풍의 눈' 속에서는 바람이 매우 약하고 날씨도 맑다는 거야. 그 주변으로는 세찬 바람이 불고 비바람까지 쏟아지는데 말이지.

태풍은 주로 늦여름이나 초가을에 많이 발생해. 뜨거운 여름 태평양이나 대서양, 인도양의 따뜻해진 바닷물이 증발하면서 만든 습한 공기가 상공으로 높이 올라가 커다란 소용돌이 바람을 만들기 때문이야. 태풍이 만들어지려면 바닷물의 표면 온도가 26℃ 이상은 되어야 해.

태풍의 처음 이동 속도는 시속 24km 정도지만, 바다 위를 지

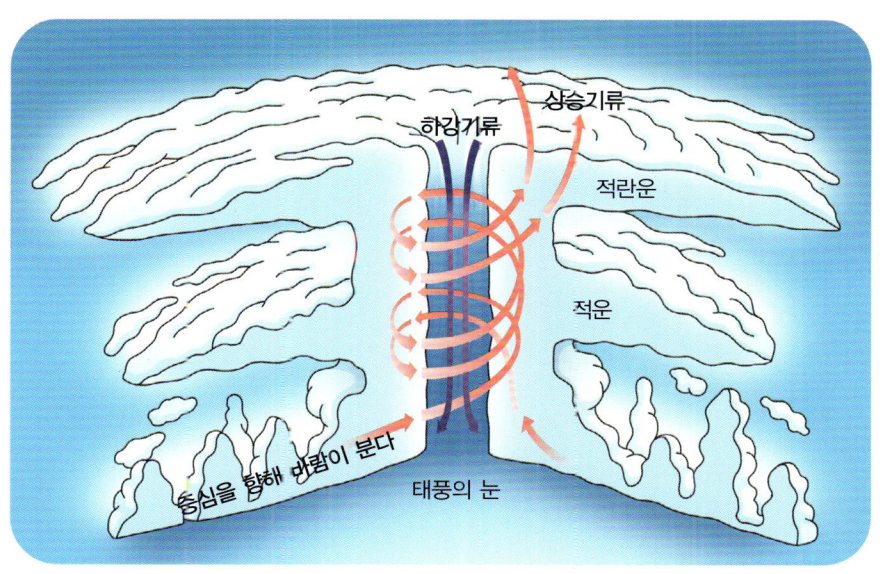

태풍의 단면

나면서 습기를 계속 흡수하기 때문에 규모도 커지고 속도도 무시무시하게 빨라진단다. 반대로 육지나 차가운 바다 위를 지날 때는 점차 힘을 잃게 되지.

서태평양에서는 매년 27개의 태풍이 발생하는데, 이중 우리나라에 도달해 피해를 주는 태풍은 평균 3개 정도야.

대개는 서태평양에서 만들어져 한반도로 올라오면서 그 힘이 약해져 사라지곤 하지. 하지만 최근에는 지구 온도 상승과 한반도 주변 바다의 수온이 올라간 탓에 태풍이 더욱 강력해지고 있단다.

태풍 북태평양 서남부 지역에서 발생하여 아시아 동부로 불어오는 열대성 저기압.

사이클론 인도양, 아라비아 해, 벵골 만에서 발생하는 열대성 저기압.

허리케인 북태평양 동부, 카리브 해, 멕시코 만에서 발생하는 열대성 저기압.

🌳 태풍도 이름이 있을까?

개미, 나리, 장미, 미리내, 노루, 제비, 너구리, 고니, 메기, 독수리. 갑자기 웬 자연 시간이냐고? 자연 시간이 아니고 이 모두가 바로 우리나라에서 정한 태풍 이름이야.

태풍에도 이름이 있다니 참 신기하지? 처음에는 태풍이 발생한 위도와 경도로 표시했는데, 여러 개의 태풍을 표시할 때 혼동을 하거나 실수하는 일이 종종 있어서 그다음부터는 이름을 붙여 사용하기로 했지. 게다가 친숙한 이름으로 부르면 사람들한테도 훨씬 잘 기억되잖아.

서인도에서는 수백 년 동안 태풍에 산타아나, 산페리페처럼 성자의 이름을 붙였어. 태풍이 발생한 날과 성자의 기념일을 연결해서 말이야.

그러다 기상학자들이 자신의 아내나 여자 친구의 이름을 붙이면서 한동안 태풍에 여성의 이름을 붙이기도 했어. 물론 지금은 남녀의 이름을 자유롭게 붙인단다.

서태평양에서 발생하는 태풍의 이름도 처음에는 영문 이름이었어. 그러다 태풍위원회에서 아시아 각 나라의 국민이 태풍에 관심을 더 갖도록 회의를 통해 아시아의 고유 이름으로 변경하기로 했어. 그렇게 해서 나라마다 10개씩 이름을 제출해 140개의 태풍 이름으로 2000년부터 사용하고 있지.

그럼 140개 이름을 모두 사용하면 어떻게 할까? 정답은 다시 1번부터 사용한다야. 태풍이 1년에 약 30여 개쯤 발생하니까 전체 이름이 다 사용되려면 4~5년은 걸리겠지?

태풍의 크기는 어떻게 분류할까?

넓은 바다를 지나오며 태풍은 큰 에너지와 습기를 흡수해. 그래서 육지에 도달해서는 폭우를 쏟고 홍수를 일으킨단다. 과학이 발달하여 나라마다 태풍에 대한 경고가 잘 이루어져 예전보다 인명 피해는 줄었지만, 재산 피해는 계속 늘어나고 있어.

국립태풍센터에서는 태풍의 크기 비교를 쉽게 하고 위험을 예측할 수 있도록 태풍을 다섯 범주로 분류하고 있단다.

범주	풍속(mph)	피해	영향
1	74~95	약함	건물에는 피해가 없지만, 이동주택이나 나무에 피해가 있고, 일부 해안가 도로가 잠기거나 다리 구조물이 파손된다.
2	96~110	보통	일부 건물의 지붕, 문, 창문이 파손되고, 식물, 이동주택, 다리 구조물에 상당한 피해가 있다. 해안과 낮은 지대의 대피로가 태풍의 중심이 도달하기 2~4시간 전에 잠기고, 항구에 있는 작은 배들이 파손된다.
3	111~130	심함	건물 외벽이나 일부 구조물이 파손되고, 이동주택이 파괴된다. 해안 지역이 물에 잠기고 그 때문에 작은 구조물들이 파괴된다.
4	131~155	매우 심함	건물 지붕과 외벽이 심하게 파손된다. 해변이 대규모로 물에 잠기고, 해안 지역의 낮은 건물들에 피해가 있다.
5	155 이상	재난	건물의 지붕이 완전히 파괴되고, 작은 공공 건물이 바람에 날아간다. 일부 건물은 완전히 파괴된다.

샤퍼-심슨 태풍 규모

태풍이 우리에게 도움이 될까?

태풍이 사람들에게 꼭 피해만 주는 것은 아니야. 태풍은 여름철에 폭염이나 심한 가뭄이 있을 때 비를 내려 폭염을 사그라지게 하고 가뭄을 해결하기도 하니까.

또 높은 기온으로 오랫동안 계속되

용어해설

적조 현상 더운 여름 동물성 플랑크톤이 갑자기 많이 번식하여 바닷물이 붉게 물들어 보이는 현상을 말한다.

Tip

태풍과 함께 오는 불청객들

❶ 바람 : 태풍의 바람은 시속 120km 이상으로 가끔 무시무시한 회오리바람이 불기도 한다. 또 건물 간판이나 기와 같은 물건들을 날려 보내고, 나무와 송전탑까지 뽑을 수 있다.
❷ 폭우 : 태풍은 150~300mm 이상 되는 폭우를 퍼부어 홍수를 일으킨다. 홍수는 재산뿐 아니라 사람의 생명까지 빼앗아 갈 수 있다.
❸ 해일 : 바다를 지나 육지에 도착한 태풍은 때때로 커다란 해일을 일으킨다. 해일은 항구를 파괴하고, 해안 근처의 농경지를 잠기게 하거나 양식장 등에 큰 피해를 준다.

던 바다의 적조 현상◆이 태풍이 몰고 온 강풍과 강우 때문에 말끔히 사라지기도 한단다.

태풍의 눈에 들어갈 수 있을까?

태풍의 규모나 진행을 예측하기 위해서는 공중 정찰이 매우 중요한 역할을 하는데, 이때 태풍 정찰기가 태풍의 중심으로 들어가 중심의 정확한 위치뿐만 아니라 태풍의 구조나 강도 등을 알아낸단다.

그런데 빠르게 회전하는 소용돌이를 뚫고 태풍의 중심에 어떻게 들어가느냐고? 태풍이 발생하면 고도로 훈련된 기상 관측 요원이 정찰기로 태풍보다 높은 고도로 날아가서 그 중심으로 내려앉아. 태풍의 눈은 고요하니까 그곳에서 태풍을 관찰하는 것이지. 게다가 요즘은 기상위성이나 소형 무인정찰기 등을 통해 예전보다 쉽게 관찰할 수 있게 되었지.

태풍이 불면 어떻게 대처할까?

① 라디오·텔레비전 등에서 나오는 기상 예보에 귀를 기울이고, 정전에 대비해 비상시 연락 방법이나 교통수단을 미리 확인한다.

② 낮은 지대나 침수가 예상되는 지역에 사는 주민은 안전한 곳으로 대피한다.

③ 물에 잠긴 도로로 다니지 말고 안전한 길로 다닌다.

④ 대형 공사장에 있는 축대나 시설물은 위험할 수 있으므로 가까이 접근하지 않는다.

⑤ 아파트 등 고층건물 옥상, 지하실 및 하수도 맨홀 등에는 접근하지 않는다.

⑥ 피서객들은 안전한 건물 안으로 대피하고, 해안의 낮은 지대에 사는 주민은 안전지대로 대피한다.

리얼 스토리 — 쫓겨난 매미

2003년 9월 12일, 태풍 매미는 한반도에 상륙해 경상도를 중심으로 어마어마한 피해를 일으켰다.

매미는 9월 4일 괌 부근 해상에서 발생한 열대성 저기압에서 시작되었다. 이 열대성 저기압은 느리게 발달하면서 북서쪽으로 나아가 9월 6일 오후 3시 무렵 제14호 태풍 매미가 되었다. 매미는 9월 9일 일본 사키시마 제도 남동쪽 바다에 접근하면서부터 규모가 급속히 커지더니 9월 10일에는 슈퍼 태풍이 되었다.

같은 날 오후, 매미는 힘을 잃고 중간 크기의 태풍으로 경상남도 고성군에 상륙했다. 하지만 태풍 매미의 위력은 2003년에 발생한 모든 태풍 중에서 으뜸이었다. 강풍과 호우의 피해도 컸다. 고층 건물 유리창이 깨지고, 가로수가 뽑혔다.

게다가 최대 450mm에 달하는 많은 비를 내려, 사망·실종 132명, 이재민 6만 명이라는 큰 피해를 남겼다.

2005년 태풍위원회에서는 태풍 이름에서 우리나라에 큰 피해를 준 '매미'를 빼고, '무지개'를 넣기로 했다. 태풍 매미는 그렇게 쫓겨났다.

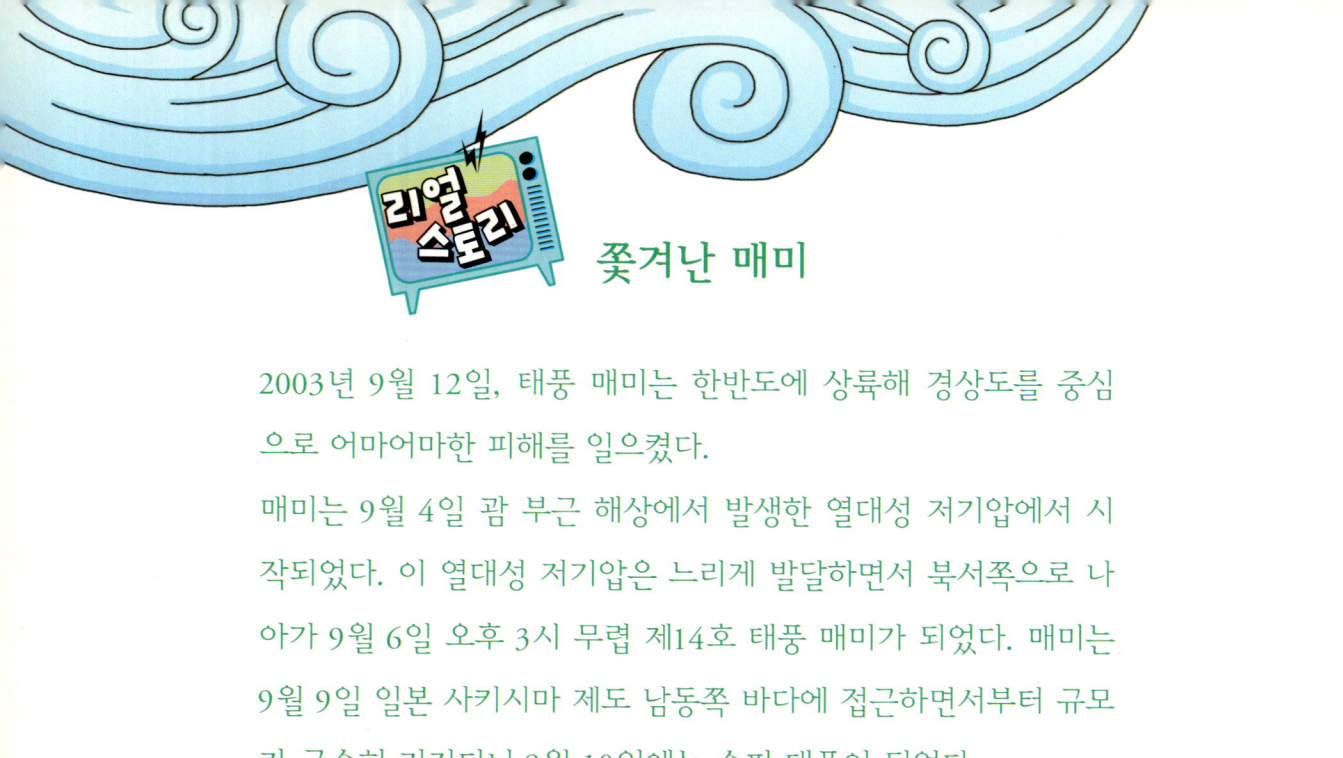

역사상 최대의 태풍

태풍 갤버스턴

발생 연도 | 1900년
피해 지역 | 미국
피해 | 태풍 때문에 발생한 해일과 조수가 텍사스의 섬 도시 갤버스턴 전 지역을 잠기게 하여 8,000명이 목숨을 잃었다.

태풍 루사

발생 연도 | 2002년
피해 지역 | 대한민국
피해 | 대한민국을 관통하며 전국적으로 산사태와 하천 범람기 발생했다. 246명의 인명 피해와 수만 명의 이재민이 발생하고, 5조 원이 넘는 재산 피해를 남겼다.

태풍 카트리나

발생 연도 | 2005년
피해 지역 | 미국 루이지애나 주 뉴올리언스
피해 | 시속 225km의 강풍을 동반한 초강력 허리케인 카트리나가 8월29일 루이지애나 주에 상륙한 뒤 미시시피 주와 앨라배마 주까지 휩쓸어 1,000여 명의 사망자와 1,250억 달러의 피해를 남겼다.

토네이도 강력한 소용돌이 바람

북쪽에서 윙윙 바람 소리가 들려왔어요. 남쪽에서도 낮은 바람 소리가 들려왔어요. 풀들이 바람에 물결처럼 흔들리는 게 보였어요.

"도로시, 회오리바람이다. 대피소로 어서, 어서 가!"

헨리 아저씨는 가축들이 있는 헛간으로 달려가며 소리쳤어요. 설거지하던 엠 아줌마는 마룻바닥의 뚜껑 문을 올리며 도로시를 재촉했어요.

"도로시, 이쪽이야! 어서 오너라!"

도로시는 토토를 안고 뚜껑 문을 향해 방을 가로질러 달렸어요. 하지만 갑자기 집이 마구 흔들려 엉덩방아를 찧고 말았지요.

"아얏!"

그 순간, 놀라운 일이 벌어졌어요. 집이 공중으로 둥둥 떠올랐어요. 마치 풍선을 타고 하늘로 올라가는 느낌이었지요.

　북쪽에서 다가온 바람과 남쪽에서 다가온 바람이 도로시네 집을 사이에 두고 맞부딪치는 바람에 도로시네 집이 회오리바람의 한복판에 휩쓸리게 된 거예요.

회오리바람의 중심은 대개 잔잔하지만, 집을 둘러싼 바람은 압력이 높아서 도로시네 집은 회오리바람 꼭대기까지 떠올랐어요. 회오리바람에 실려 집은 넓은 들판 위를 날아갔어요.

_**오즈의 마법사** 중에서

회오리바람 소용돌이 모양으로 빙빙 도는 바람으로 성질이 다른 두 개의 기단 때문에 일부분의 기압이 갑자기 떨어지면서 생긴다. 토네이도보다 강도가 약하다.

토네이도는 왜 생길까?

회오리바람인 토네이도는 미국의 넓은 평원 지대에서 많이 발생하는 편이야. 매년 미국 중서부 지역에서만 수십에서 수백 개의 토네이도가 발생하지.

토네이도가 발생하려면 대기의 아래쪽에 고기압이 안정적으로 자리 잡고 있어야 해. 우리나라처럼 산맥이 많은 경우에는 높낮이에 따라 기압 차가 생기므로 안정된 상태를 유지하기 어려워. 반면 미국처럼 평야가 발달하였을 때는 대기의 아래쪽이 안정된 상태이므로 토네이도가 발달하기 쉽지.

토네이도가 어떤 원리로 발생하는지 궁금하니? 연구에 의하면 땅에서 수직으로 발달하는 적란운*이 가장 큰 원인이래. 적란운은 숨은열*이 구름 속의 공기를 데우면서 강한 상승 기류가 발생하는데, 이것이 구

적란운 수직으로 만들어지는 구름의 일종으로 위는 산봉우리 모양이고, 아래는 많은 습기를 머금고 있다.

숨은열 물질의 상태가 변할 때 발생하는 열.

름의 꼭대기 부근에서 천천히 회전하면서 점점 땅까지 내려와 결국 깔때기 모양의 바람을 만드는 거야.

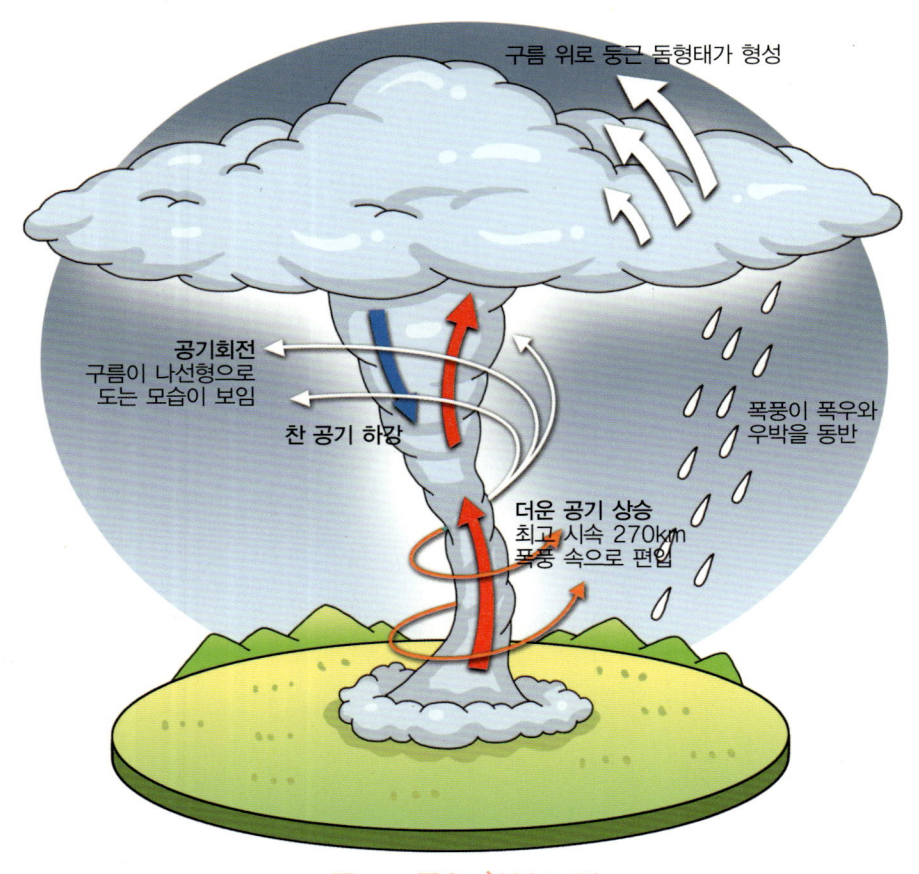

토네이도의 형성 과정

토네이도의 특징

❶ 따뜻하고 습기가 많은 공기와 차갑고 빠른 대기가 만나 형성된다.
❷ 비가 오지 않는 지역에서 형성되며, 기압이 안정된 평야 또는 바다에서 잘 발달한다.
❸ 구름이 나선형으로 도는 모습을 보이며, 그름 위로 둥근 돔 모양을 만든다.

토네이도의 원인이 적란운?

적란운은 수직으로 발달하는 구름으로 적운과 비슷하지만, 적운보다 수직으로 더 치솟아 있어 산이나 큰 탑처럼 보인단다. 또 구름 속에 전하가 모여 번개가 치므로 '뇌운(雷雲)'이라고도 하고, 강한 비를 뿌려서 '쌘비구름'이라고도 하지.

적운 수직으로 발달한 구름을 말한다.

전하 물체가 띠고 있는 정전기의 양을 말한다

적란운은 낮에 태양에 의해 뜨겁게 달궈진 지표면으로부터 많은 수분을 흡수한 뜨거운 공기가 경사면을 따라 빠르게 상승한 뒤 차가운 공기층과 만나면서 발생하게 되지. 이때 매우 불안정한 상태가 되면서 엄청나게 빠른 소용돌이를 일으키게 된단다.

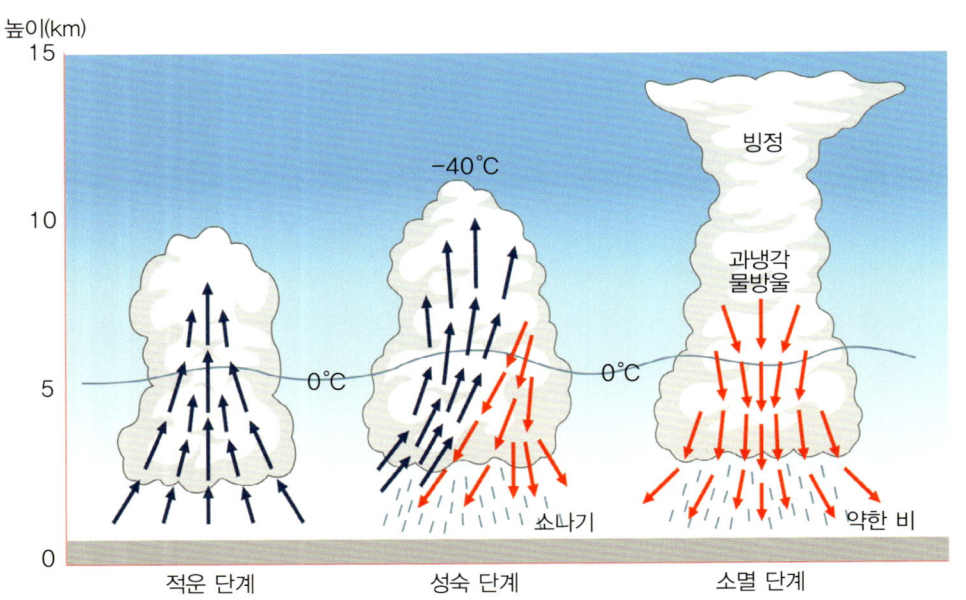

적란운의 생성과 소멸

토네이도는 어떻게 움직일까?

도로시네 집을 하늘로 날려 보낸 회오리바람의 정체는 토네이도야. 토네이도는 평야나 바다에서 소용돌이처럼 발생하는 강력한 바람인데, 다른 이름으로 트위스터라고도 부르지.

우리나라에서는 토네이도를 회오리바람 또는 용오름이라고 불러. 보통 깔때기 모양의 구름이 하늘에서부터 땅이나 바다까지 닿아 있고, 바다에서 끌어올린 물방울이나 땅에서 들어 올린 먼지가 섞여 매우 빠르게 회전을 하는 형태야.

멀리에서는 우르르하는 소리가 들려오고, 점점 가까이 다가올수록 전속력으로 달리는 열차 소리처럼 들리지.

토네이도는 강한 상승 기류 때문에 이동 경로에 놓인 건물들이 대부분 파괴되고, 인명 피해도 많은 편이야. 가장 빠른 바람을 기록한 트네이도는 1958년 미국 텍사스 주에서 발생했어. 시속 450km의 빠른 토네이도였지.

이런 강한 바람이 불고 나면 연못으로부터 빨려 올라갔던 개구리들이 소나기처럼 땅으로 떨어지기도 하고, 닭이나 오리의

털이 죄다 뽑히기도 하고, 건물이 수백 미터나 옮겨지는 놀라운 일이 일어나곤 해.

　우리나라에는 큰 피해를 줄 만큼 자주 발생하지 않아서 두려움이 그다지 없지만, 미국은 토네이도가 언제 불어 닥칠지 몰라 두려워하는 사람들이 많아. 그래서 지하 대피소를 만드는 등 토네이도에 대한 대비도 철저히 하는 편이란다.

토네이도의 강도를 측정할 수 있을까?

토네이도의 강도는 흔히 '후지타 규모'로 분류한단다. 후지타 규모는 토네이도를 F0에서 F5까지 6개 등급으로 구분하는데, 최근에는 풍속과 피해 규모에 따라 다시 새롭게 개선해 EF0에서 EF5로 분류하고 있어.

등급	풍속	현상
EF0	초속 29~38m	나뭇가지가 부러지고, 간판이 떨어진다.
EF1	초속 39~49m	나무가 꺾여서 부러지고 창문이 깨진다.
EF2	초속 50~60m	나무뿌리가 뽑히고, 약한 건축물이 파괴된다.
EF3	초속 61~74m	자동차는 뒤집히고, 빌딩 벽이 무너진다.
EF4	초속 75~89m	조립식 벽이 파괴된다.
EF5	초속 90m 이상	자동차 크기의 구조물은 100m 이상 이동하고, 철 구조물도 큰 피해를 본다.

토네이도는 어떻게 사라질까?

토네이도의 일생은 3단계로 나눌 수 있어. 먼저, 먼지 회오리 단계야. 적란운의 아랫부분에서 짧은 깔때기가 아래로 내려온 상태이지. 두 번째 단계는 성숙하는 단계야. 깔때기가 아래로 최대로 늘어난 상태이며 땅과 수직을 이룬단다. 세 번째 단계인 소멸 단계는 소용돌이가 약해지고 점차 가늘어지는 단계야. 땅에 비스듬히 기울어져 있다가 더는 주변 공기의 열을 흡수할 수 없을 때, 마지막으로 크게 일그러진 뒤 자연스럽게 사라진단다.

 ## 용오름 현상이 뭐야?

우리나라는 산지가 많아서 육지에서는 토네이도가 잘 발달하지 않지만, 바다에서는 토네이도의 일종인 용오름 현상이 나타난단다.

용오름은 넓은 물 위에서 발생하는 회전 공기 기둥으로 여름철 따뜻한 물 위에서 발생해. 공기 기둥의 모습이 꼭 용이 승천하는 모양 같다고 해서 용오름이라 불리게 되었어.

용오름은 일반적인 토네이도보다 규모도 작고 파괴력도 약해. 보통 지름이 100m 이하이고, 풍속도 초속 25m 이하니까. 우리나라에서는 동해안에서 용오름이 대년 수차례 발생한단다.

토네이도가 발생하면 어떻게 대처할까?

❶ 구름과 비 때문에 시야가 어두워 토네이도가 보이지 않을 때는 소리로 확인한다. 열차가 돌진하는 것처럼 매우 독특한 소리가 들린다.

❷ 집안에 지하실이 있거나 가까운 곳에 대피소가 있다면 최대한 빨리 그곳으로 대피한다. 건물과 시설물을 파괴하는 토네이도로부터 가장 안전한 곳이다.

❸ 텔레비전·라디오 방송을 들으며 토네이도의 이동 경로를 확인한다.

❹ 집 중앙으로 들어가 깨지거나 무너질 수 있는 창문이나 외벽에서 멀리 떨어진다. 침대, 탁자와 같은 튼튼한 가구 밑으로 피한다.

❺ 자동차나 이동주택 안에서 나와 지대가 낮은 곳으로 피하거나 구덩이처럼 땅이 파인 곳에 납작 엎드린다.

앨라배마를 강타한 대형 토네이도

2011년 4월 29일, 미국의 오바마 대통령은 앨라배마 주의 작은 도시 터스컬루사를 방문했어요. 오바마 대통령의 표정은 매우 어두웠지요.

시내에는 쓰러진 나무와 전선들이 뒤엉켜 차량 통행이 불가능했고, 병원 응급실에는 1,700여 명의 부상자들이 한꺼번에 몰려드는 바람에 발 디딜 틈도 없었지요.

27일 불기 시작한 토네이도는 저녁 무렵이 되자 앨라배마 주 하늘을 시커멓게 뒤덮으며 도시를 휩쓸고 지나갔어요. 사람들은 급히 대피해 토네이도가 빨리 지나가기만을 간절히 기다렸어요.

하지만 바람이 지나가고 밖으로 나온 사람들은 모두 할 말을 잃고 말았어요. 도시는 완전히 달라져 있었어요. 밤이 되자 도시 전체가 캄캄한 암흑 세상으로 변했지요. 넘어진 나무들이 송전선을 덮치면서 전기가 끊긴 거예요.

연방 정부는 비상사태를 선포했고, 오바마 대통령은 더 큰 피해가 없길 바라며 주민에게 용기를 불어넣어 주었답니다.

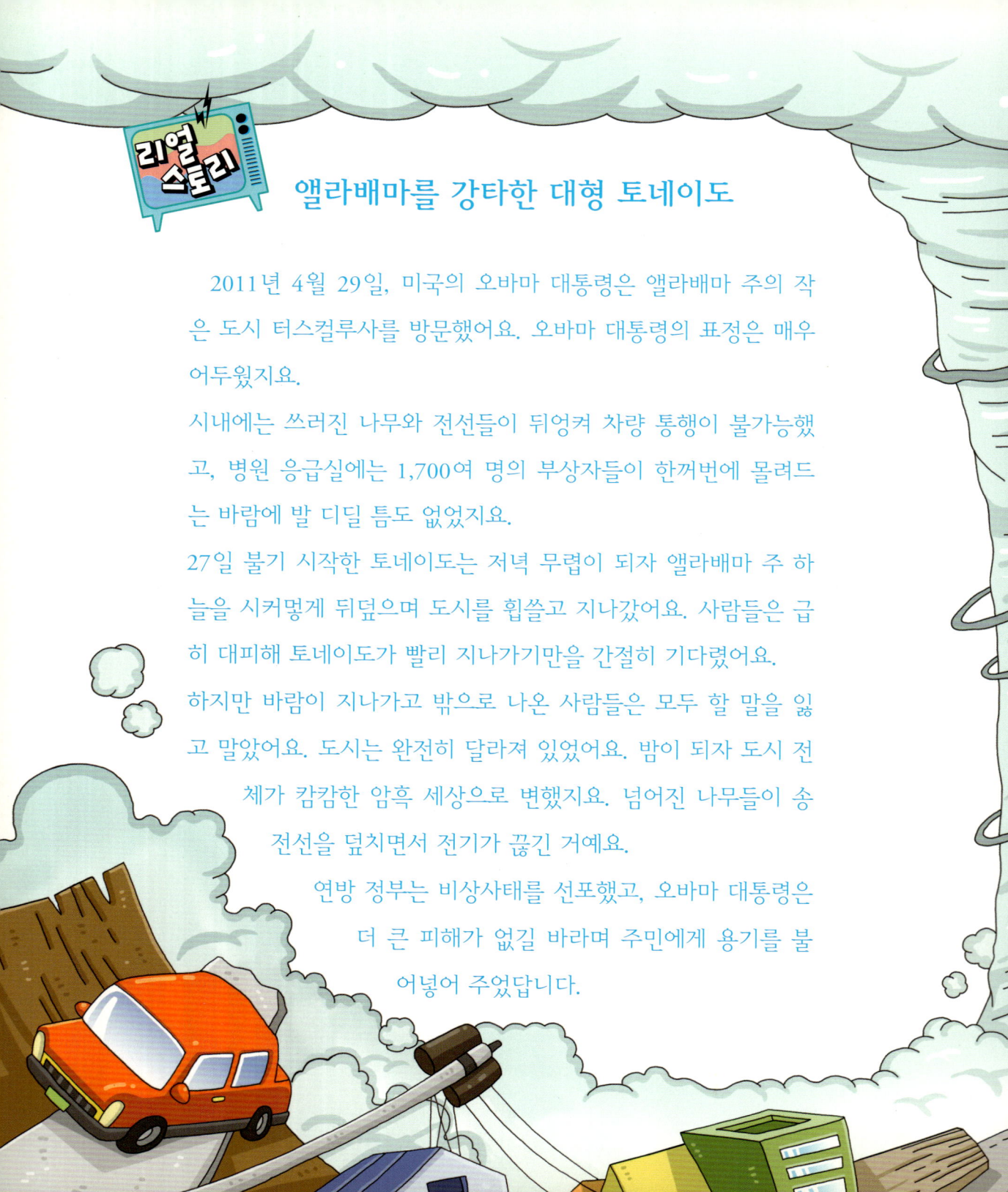

역사상 최대의 토네이도

미국 미주리 주에서 발생한 토네이도

발생일 | 1925년 3월 18일
피해 | 미국에서 발생한 최악의 토네이도로 미주리 주에서 발생해 일리노이 주를 거쳐 인디애나 주에서 사라졌다. 3시간 반 동안 695명의 사망자와 2,027명의 부상자가 발생했다.

미국 그린버그에서 발생한 토네이도

발생일 | 2007년 5월 4일
피해 | 미국 캔자스 주 남서부의 작은 도시 그린버그에서 F5급의 토네이도가 불어 닥쳐 마을이 초토화됐다. 속도가 시속 330km에 넓이 2.7km로 35km의 흔적을 남겼고, 10명의 사망자와 60여 명의 부상자가 발생했다.

홍수 앗, 강물이 넘쳤어!

　올여름 비가 참 많이 왔어요. 지우는 온종일 내리는 비를 바라보며 조금 엉뚱한 상상을 했어요. 북한에 홍수가 나 서해로 흘러드는 임진강을 타고 북한 친구가 찾아오면 어떨까 하고요. 아빠 말씀에 의하면 그 물이 강화도 앞바다에 이른대요. 북한 친구니까 영어는 쓸 리도 없고, 세종 대왕이 만드신 우리말로 막힘없이 많은 대화를 나눌 수 있을 거예요.

　그런데 임진강이 넘치면 정말로 어떤 일이 벌어질까요? 통일 되기 전까지 지우가 상상하는 그런 일은 거의 일어나지 않겠지만, 홍수가 일어나면 어떤 일이 벌어지는지 갑자기 삼촌에게 물어보고 싶어졌어요.

　지우는 삼촌이 퇴근해 돌아오면 잊지 말고 꼭 물어보자고 생각했어요. 하지만 삼촌을 기다리고만 있자니 슬슬 따분해지기 시작했어요. 그래서 우산을 쓰고 마당으로 나가서는 대야에 물을 가득 받아 장난감 배를 띄웠어요.
 한참을 정신없이 놀고 있는데, 삼촌이 언제 왔는지 지우의 우산을 톡톡 두드리며 인사를 했어요.

"이 녀석, 수돗가에 홍수를 일으켰구나."

"홍수라고요? 맞다, 삼촌! 홍수에 대해서 삼촌에게 물어보려던 참이었어요. 삼촌, 홍수는 왜 일어나는 거예요? 홍수가 나면 어떤 일이 벌어져요?"

임진강 함경남도 덕원군 마식령에서 물줄기가 시작되어, 우리나라 서해(강화도)로 흐르는 강으로 그 길이는 354km에 이른다. 이 강은 고구려, 백제, 신라의 국경 지대로 예로부터 다툼이 잦았다.

물이 움직인다고?

지구의 물은 지표와 대기 사이를 끊임없이 순환하고 있어. 이런 물의 순환으로 지구에서는 구름, 비, 눈 등의 여러 가지 기상 현상이 나타나게 되지. 이렇게 물은 순환하면서 계속 이동해. 그렇지만 지구 전체로 보면 증발하는 물의 양과 비나 눈으로 내

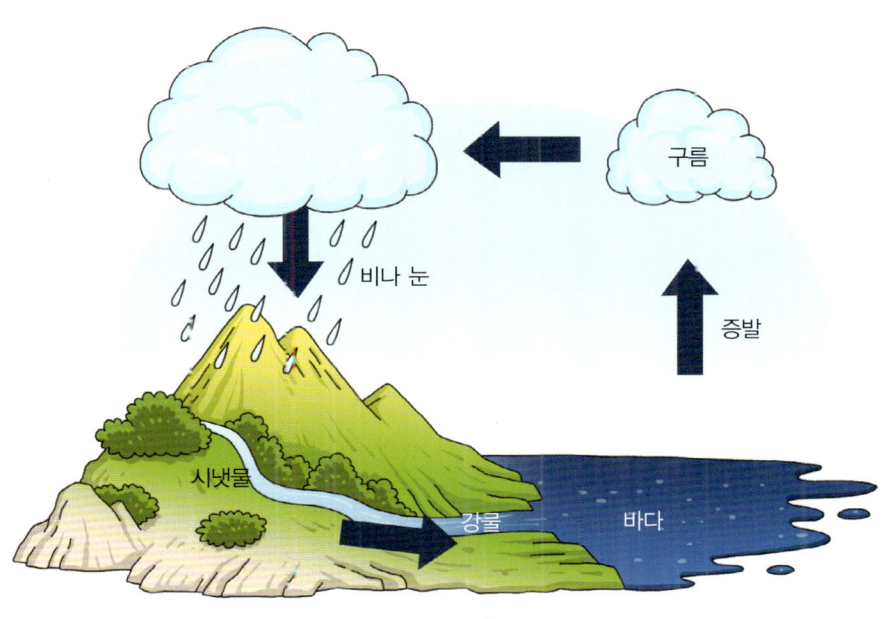

물의 순환

리는 물의 양이 비슷하기 때문에 육지나 바다 또는 대기에 있는 물의 양은 일정하게 유지되지.

그렇다면 여기에서 물의 순환 과정을 먼저 살펴볼까?

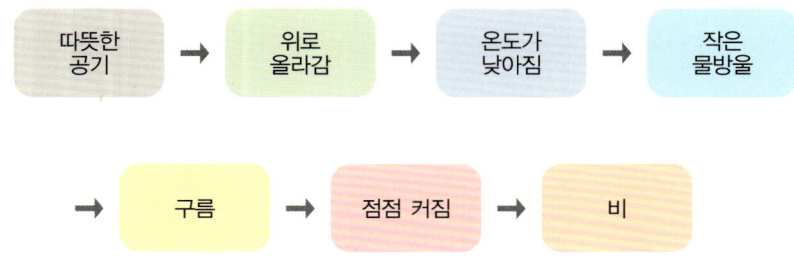

❶ 땅 위의 물, 강물, 바닷물이 따뜻해지면 수증기가 되어 위로 올라간다.

❷ 수증기가 하늘 높이 올라가면 온도가 낮아지기 때문에 작은 물방울로 변해 구름이 만들어진다.

❸ 구름 속의 작은 물방울들이 뭉쳐 큰 물방울이 되어 무거워지면 비가 되어 내린다.

❹ 땅에 내린 비는 강이나 바다로 흘러 모이고, 다시 증발하여 구름이 된다.

홍수란 무엇일까?

물의 순환에 따라 하늘에 모인 수증기가 비나 눈으로 내리면 일부는 식물이나 토양이 흡수하고, 일부는 증발하지. 그리고 나머지는 모여서 하천으로 이동한단다.

그런데 많은 비가 내리면 땅과 식물이 물을 흡수한 뒤에도 많

은 물이 하천이나 강, 저수지로 모이게 되지. 하지만 너무 많은 물이 모이면 하천이나 저수지의 제방을 넘어 한꺼번에 많은 물이 넘쳐흐르겠지? 이렇게 흘러넘친 물이 도로나 집, 경작지 등을 잠기게 하는 것이 바로 '홍수'야.

우리나라는 지진이나 화산 피해는 거의 없는 반면 태풍이나 홍수 피해는 종종 있는 편이야. 최근에 홍수 때문에 인명과 재산 피해도 많이 늘어났지. 지구 온난화로 인한 폭우로 홍수 피해가 예상되는데도 꼼꼼하게 준비하지 않기 때문이란다.

 홍수는 왜 일어날까?

홍수는 발생 원인에 따라 다음 네 종류로 나눌 수 있단다.

❶ 해안 홍수

해안의 강한 바람 때문에 일어나는 홍수야. 태풍이 해안의 낮은 지대보다 바닷물의 수위를 높여 해일을 일으키는 것이지. 이

때 모래사장이나 해안가에 있는 건물들은 밀려온 바닷물에 침수되거나 휩쓸려 가기도 해.

❷ **돌발 홍수**

봄철에 눈이 녹거나 짧은 시간 동안 많은 비를 내리는 폭우 등으로 일어나는 홍수야. 보통 산악 지역에서 자주 발생하지만 좁은 계곡을 흐르는 하천이나 경사가 급한 지역에서도 발생해 큰 피해를 준단다.

❸ **하천 홍수**

강을 따라 발생하는 자연적인 홍수야. 주로 우기에 많은 비가 내려 하천 제방이 넘치는 경우란다. 우리나라에서는 일반적으로 6~7월 장마철에 많이 발생해.

❹ **도시 홍수**

물을 흡수할 목초지나 숲이 건물, 도로 등으로 바뀌어 일어나

는 홍수야. 낮은 지대나 지하실은 물이 차서 더욱 위험하단다.

홍수 위험이 큰 지역

❶ 하천이 급격히 굽은 곳
❷ 여러 하천이 모이는 곳
❸ 과거에 하천이었던 곳

이런 홍수 때문에 재산 피해와 인명 피해는 사실 무시할 수 없을 정도야. 그래서 홍수를 줄이고 물의 흐름을 원활하게 조절하기 위해서는 댐이나 저수지의 건설이 필요해.

하지만 무분별한 댐 건설 때문에 자연이 훼손되면 안 되겠지? 재난 대비도 중요하지만, 환경이 더 중요하다는 걸 잊어서는 안 돼.

 우리나라는 왜 홍수가 자주 일어날까?

우리나라의 홍수는 주로 여름철에 많이 일어나. 여름철 폭우를 동반하는 태풍 때문에 특정한 지역에 집중호우가 내리는 일이 많기 때문이지. 집중호우는 아주 짧은 시간 동안 좁은 지역에 집중해서 내리는 비를 말하는데 그 비의 양이 상당히 많단다.
　게다가 우리나라는 국토의 3분의 2가 산지인 데다, 동쪽은 높고 서쪽은 낮은 지형으로 경사가 급하고 길이가 짧은 하천이 많아 홍수 피해가 더 큰 편이야.

또 산업이 발달하고, 도시가 만들어지면서 빗물을 흡수할 만한 땅이 많이 줄어든 것도 홍수가 더 자주 일어나는 까닭이라고 할 수 있어.

우리나라는 조선 시대부터 홍수 피해를 줄이고자 무척 애를 썼어. 세종 대왕이 측우기를 만들어 전국에서 강우량을 측정하게 한 것도 농사를 도울 뿐 아니라 홍수로 인한 피해를 줄여 보기 위해서였지.

지금도 강우량, 수위, 유량 등을 체계적으로 관측하여 통계를 내고, 그 자료를 토대로 더욱 신속하고 정확한 '홍수 예보 시스템'을 운영한단다. 홍수 예보 시스템은 1974년에 한강 유역에 처음으로 설치했고, 곧이어 낙동강, 금강과 섬진강, 영산강 유역에도 설치했어.

이뿐 아니야. 홍수를 막기 위해 높은 제방과 홍수벽을 세우고, 크고 작은 다목적댐을 설치하는 등 하천 관리에도 신경을 쓰고 있지. 구분별하게 설치된 다리를 다시 배치하고 구불구불한 물길을 직선으로 변경하는 것도 홍수를 줄이는 좋은 방법이 된단다.

🌊 홍수 예보의 발령과 해제

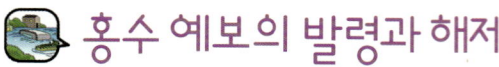

홍수위 홍수가 났을 때의 최고 수위를 말한다.

❶ 홍수 주의보 발령

수위가 계속 상승하여 주의보 경계 홍수위를 넘을 것이 예상되는 경우

❷ 홍수 주의보 해제

수위가 계속 하강하여 주의보 수위 이하로 내려갈 것이 예상되는 경우

❸ 홍수 경보 발령

수위가 계속 상승하여 경보 위험 홍수위를 넘을 것이 예상되는 경우

❹ 홍수 경보 해제

수위가 계속 하강하여 경보 수위 또는 주의보 수위 이하로 내려갈 것이 예상되는 경우

❺ **변경 날령**

홍수 주의보를 홍수 경보로, 홍수 경보를 홍수 주의보로 변경할 경우

홍수가 예상되는 징후들

❶ 하천의 물이 급격히 상승할 때
❷ 하천의 물이 탁하거나 부러진 나무 등이 떠내려올 때
❸ 산비탈에서 이상한 소리와 함께 돌이 굴러떨어질 때
❹ 경사면이 갈라지고 균열이 일어날 때
❺ 경사면으로부터 물이 솟아나올 때

홍수가 나면 어떻게 대처할까?

① 폭우가 내릴 때는 집 안팎의 하수구는 물론 배수구가 막힌 곳이 없는지 확인한다.

② 집이 물에 잠겼을 때는 전기, 가스, 수도 등을 차단한 후 손전등, 비상식량, 식수 등을 준비하여 대피한다.

③ 미처 대피하지 못하고 고립되었을 때는 당황하지 말고 지붕이나 옥상 등에 올라가 구조를 요청한다. 만약의 경우 스티로폼 상자나 고무 튜브를 이용해 탈출한다.

④ 등산, 야영, 낚시 중 조난당했을 때는 119구조대에 신속히 알린 후 구조대가 쉽게 발견할 수 있는 안전한 곳으로 대피해 연기 또는 옷가지로 위치를 알린다.

⑤ 만약 조난이 장기화 될 경우를 대비해 체력 및 체온을 유지하고, 비상식량을 적절히 조절하여 먹는다.

홍수로 악어 100마리 집단 탈출

태국은 2011년 7월 말부터 시작된 대규모 홍수로 281명이 목숨을 잃고, 최소 600억 바트(2조 2,578억 원) 이상의 큰 경제적 손실을 보았다.

설상가상으로 태국 어업국은 우타이타니 지역의 농장에서 100여 마리의 악어가 탈출했음을 밝히고, 페달 보트를 이용해 홍수 지역을 밤에 건너는 것은 위험하며, 수해 지역 가옥들은 악어의 습격에 대비해 주변에 울타리를 치도록 권유했다.

현재 태국 지역 당국은 집단 탈출한 악어를 잡기 위해 온갖 노력을 하고 있다며 주민을 안심시키고, 탈출한 악어 대부분이 1m 정도의 어린 악어로 사육장에서 자라 사람을 쉽게 공격하지는 않을 것이라고 전했다.

한편 태국 정부는 10월 12일 대홍수가 장기화됨에 따라 국토의 3분의 1을 재난 지역으로 선포하고, 강물이 유입되는 시기와 만조가 겹치는 14~18일이 최대 고비가 될 것으로 보고 홍수 예방에 총력전을 펼치고 있다.

역사상 최대의 홍수

미국 존스타운 홍수

발생일 | 1889년 6월
피해 | 5월 31일 저녁부터 내리기 시작한 폭우로 사우스포크 댐이 붕괴하여 2,000만 톤의 물이 존스타운을 휩쓸고 내려왔다. 미국 역사상 최악의 재난 중 하나로 사망자는 2,207명이었다.

태국 홍수

발생일 | 2011년 10월
피해 | 7월 25일부터 중북부 지역에서 계속된 대규모 홍수로 수도인 방콕 전역이 물에 잠길 가능성이 커지면서 많은 주민이 방콕을 탈출했다. 10월 말 태국은 큰 위기를 넘겼지만, 이 홍수로 373명이 숨졌고, 18조 원이라는 큰 경제적 손실을 보았다.

가뭄
사막이 되어 가는 땅

지우네 집에 편지 한 통이 왔어요. 유니세프에서 삼촌 앞으로 보내온 편지였어요. 삼촌은 매달 유니세프에 후원금을 보내고 있거든요. 편지 봉투 안에는 유니세프에서 보낸 팸플릿이 들어 있었어요.

아프리카 어린이 한 명의 하루 식비는 500원. 아이스크림 반쪽, 과자 반 봉지 가격입니다. 여러분의 작은 힘이 필요합니다.

아프리카 어린이들에게 여러분의 따뜻한 손을 내밀어 주세요.

아프리카에서 굶주림과 병으로 힘겹게 살아가는 어린 친구들의 사진도 있었지요. 지우는 아프리카의 친구들을 보며 가슴 한쪽이 아팠어요. 아프리카에는 정말 비가 한 방울도 안 내리는 걸까요?

가뭄은 왜 드는 걸까?

가뭄은 오랫동안 비가 내리지 않는 것을 말해. 일반적으로 강수량이 평균 이하인 셈이지. 그러다 보니 아프리카와 같은 지역은 수개월 또는 수년에 걸쳐 먹거나 사용할 물이 턱없이 부족하게 된단다.

하지만 가뭄은 알아차리지 못하게 서서히 다가오는 자연재해

야. 홍수나 태풍처럼 시작되는 시기가 뚜렷하게 보이지도 않고, 언제 끝나는지도 정확하지 않아. 하천 바닥이 마르고, 식물이 시들 때까지 가뭄인지 모르는 경우가 많단다.

처음 시작된 곳(진원지)이나 이동하는 경로도 없어. 건물을 무너뜨리거나 도로를 훼손시키지도 않아. 하지만 식물이 말라 죽어 농사를 망치게 되면 회복할 수 없고, 심한 경우 사람들이 굶어 죽기도 한단다.

가뭄의 특징

❶ 다른 자연재해에 비해 진행 속도가 매우 느려 가뭄이라 부르기까지 수개월 이상 걸린다.
❷ 수년, 수십 년씩 지속되기도 하며, 피해는 가뭄이 지속될수록 늘어난다.
❸ 비나 눈이 정상적으로 내려도 회복하는 데까지는 시간이 아주 많이 걸린다.
❹ 가뭄 자체가 피해를 주기보다는 그 때문에 생기는 극심한 더위나 기근 등이 겹쳐 인명 피해가 일어난다.

가뭄의 종류와 영향

가뭄은 크게 농업적 가뭄과 수문학적 가뭄, 기상학적 가뭄, 기후학적 가뭄으로 나눌 수 있어. 먼저, 농업에 영향을 주는 가뭄을 농업적 가뭄이라 하는데, 이것은 농작물이 자라는 데 직접 관계되는 토양의 수분을 기준으로 삼아. 수문학적 가뭄은 물 공급에 초점을 맞춰서 하천 유량, 저수지, 지하수 등 물자원의 양을 기준으로 삼아. 기상학적 가뭄은 일정 기간 내린 강수량이나 비나 눈이 내리지 않은 일수 등을 기준으로 삼는단다. 마지막으로 월별이나 연별 강수량을 그전 연도들과 비교한 뒤 평균을 내고 백분율로 나타내는 것을 기후학적 가뭄이라고 한단다.

TiP

가뭄의 피해

❶ 가축들이 떼로 죽는다.
❷ 농작물 수확량이 많이 줄어든다.
❸ 산불이 자주 일어난다.
❹ 물 부족, 기근 등의 현상이 일어난다.

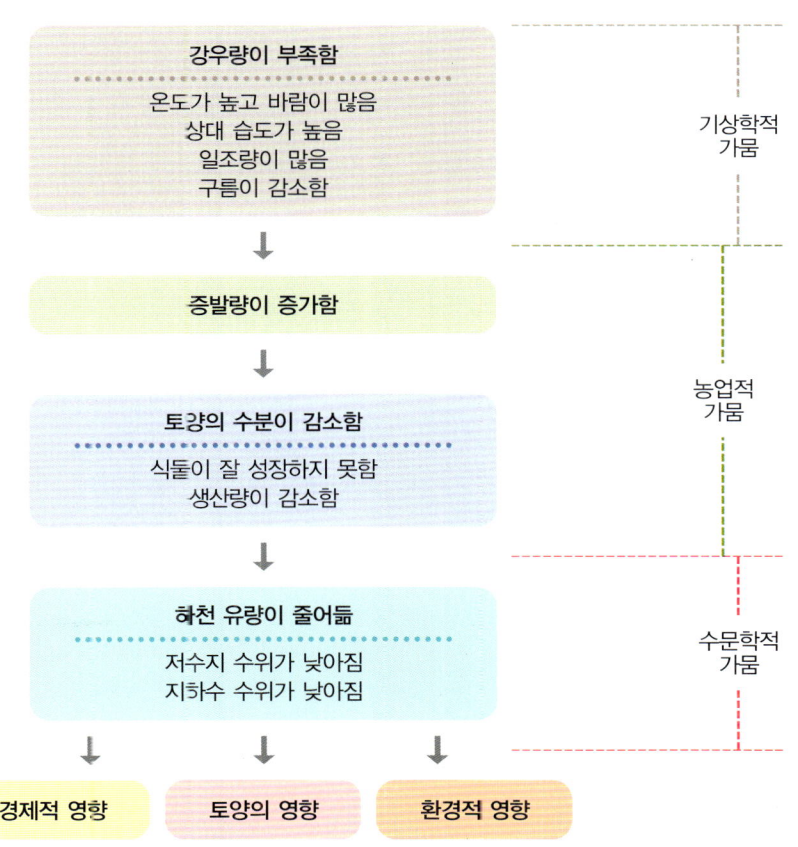

가뭄의 순서와 영향

우리나라가 물 부족 국가라고?

가뭄은 전 세계에서, 특히 아프리카 및 아시아 여러 국가에서 가장 두려운 재해라고 할 수 있어. 가뭄 때문에 곡물을 심을 수 없을 뿐만 아니라 수확량이 줄어 식량이 부족한 처지에 놓였기

분류	국가
물 기근 국가 (1,000톤 미만)	심각한 물 부족 나라로 경제 발전과 국민 보건이 영향을 받을 정도
	알제리, 바레인, 부룬디, 이집트, 이스라엘, 요르단, 쿠웨이트, 리비아, 오만, 르완다, 사우디아라비아, 싱가포르, 튀니지, 아랍에미리트, 예멘
물 부족 국가 (1,700톤 미만)	주기적으로 물 부족을 경험하는 정도
	대한민국, 짐바브웨, 레바논, 말라위, 체코, 덴마크, 폴란드, 소말리아, 남아프리카공화국
물 풍요 국가 (1,700톤 이상)	특정 지역 또는 특수한 경우에만 물 부족을 경험하는 정도
	미국, 일본, 캐나다, 중국 등 140여 개의 나라

때문이야.

　한 사람의 영양 섭취에 필요한 1년분의 식량을 생산하는 데는 어느 정도의 물이 필요할까? 스웨덴의 물 전문가인 폴켄마르크는 약 1,100톤의 물이 필요하다고 말하고, 물을 사용할 수 있는 양이 연간 1인당 1,000톤 이하이면 물 기근 국가로, 1,700톤 미만이면 물 부족 국가로 분류했어. 표를 보고 우리나라는 어디에 속해 있는지 볼까?

과거에도 가뭄이 있었을까?

우리나라는 지진이나 화산 등으로부터는 일본보다 안전한 편이지만, 가뭄이나 홍수 등은 예부터 종종 있었던 일이야.

　삼국 시대인 19년 4월 한강 동북부에 가뭄 때문에 큰 흉년이 발생해 1,000호에 해당하는 가구가 고구려로 이주했다는 기록이 있어. 조선왕조실록에도 가뭄 피해가 심했던 해가 약 90회 정도로, 평균 5년에 한 번씩 가뭄이 들었다고 할 수 있지.

이런 가뭄이 오래 계속되면 나라에서는 기우제를 지내 하늘에서 비를 내려주길 빌었어. 동양이나 서양에서 고대부터 전해져 내려오는 풍습이지.

우리나라에서도 3~4년에 한 번꼴로 가뭄이 들어 기우제를 지내곤 했는데, 간절한 마음으로 기도를 드리면 하늘이 도울 것으

로 생각했기 때문이야. 비과학적이라고 할 수도 있겠지만, 사실 기우제는 불안에 떠는 백성의 마음을 위로하고 희망을 품게 하여, 위기를 이겨내게 하는 역할을 했단다.

미래에는 물 부족 문제가 해결될까?

전문가들은 미래에는 지금보다 더욱 심각하게 물이 부족해질 거라고 말해. 인구는 늘고 물은 지금보다 배나 필요한데, 가뭄으로 물은 점점 말라가기 때문이야.

가뭄과 물 부족의 차이

가뭄은 수자원의 평균에 물이 미치지 못할 때이고, 물 부족은 단순히 필요한 물이 부족하다는 뜻이다. 예를 들어, 사막에서는 가뭄은 없지만 물 부족은 항상 존재한다.

2015년에는 세계 인구의 절반이 넘는 30억 명 이상이 물 부족국으로 분류될 거라는 말도 있어. 어때, 이쯤 되면 지금처럼 수돗물을 펑펑 틀고 세수를 하지는 않겠지?
　수도꼭지에서 한 방울씩 떨어지는 물이 20분 안에 병 하나를

가득 채운다고 할 때, 1년이면 6,000리터의 물을 낭비하게 돼. 이것은 한 명이 1년 동안 소비하는 물의 3분의 1 정도로, 하루에 45명이 사용할 수 있는 물의 양과 같아. 우리가 흘려보내는 물이 얼마나 귀중한 것인지 다시 한 번 깊이깊이 생각해 보길 바란다.

일상생활에서 물을 아껴 쓰는 방법

❶ 샴푸나 린스는 적당량만 사용하여 물의 낭비와 오염을 막는다.

❷ 양치질이나 세면 시 수돗물을 잠시 잠그면 물의 낭비를 줄일 수 있다.

❸ 목욕할 때는 욕조에 물을 받기보다 샤워기를 이용하면 물을 3배 정도 절약할 수 있다.

❹ 변기 물탱크에 1.5리터 음료수병을 넣어 두면, 1년에 약 4,500만 톤의 물을 절약할 수 있다(가정용수의 1/3이 변기에서 사용됨).

❺ 기름이 묻은 그릇은 휴지로 깨끗이 닦아낸 뒤 씻는다.

❻ 세탁기를 사용할 때는 세탁물을 가득 채우고, 세제는 최소한으로 사용한다.

❼ 정원 용수는 빗물을 받아 사용한다.

비나요의 하루

새벽 4시, 열 살 비나요는 물을 길으러 캄캄한 산에서 내려갔어요. 집에서 강까지는 꼬박 2시간 반, 왕복 5시간을 걸어야 하는 거리지요.

학교에 갈 시간은 없어요. 하루 세 번 물을 뜨는 데만 15시간을 보내야 해요. 비나요의 소원은 마을에 우물이 생겨서 더는 이 강까지 물을 뜨러 오지 않는 거예요. 그럼 어머니와 동생들이 더 깨끗한 물을 마시고, 비나요도 가족을 위해 또 다른 일을 할 수 있을 테니까요.

비나요는 순서를 기다려 가만가만 통에 물을 담았어요. 그래야 그나마 깨끗한 물로 가족들이 병을 앓지 않을테니까요. 비나요는 23kg짜리 물통을 짊어지고 가파른 산길을 올라 마을로 향했어요. 비나요는 최근에 아주 기쁜 소식을 들었어요. 한국이라는 나라에서 마을에 우물을 만들어 주기로 했대요. 비나요의 얼굴에 웃음꽃을 피웠어요. 이제 물 걱정 않고, 학교에 다닐 수 있으니까요.

역사상 최대의 가뭄

아프리카 동부 지역 가뭄

발생일 | 2000년
피해 | 에티오피아 소말리아, 지부티, 케냐 등 8개국에 수개월째 가뭄이 계속되었다. 1,200만 명이 심한 기근에 시달렸고, 전 인구의 13%에 해당하는 800만 명이 식량 지원을 받았으며, 가축은 300만 마리가 죽었다.

아프리카 소말리아반도 가뭄

발생일 | 2011년
피해 | 검은 대륙 아프리카의 동쪽 소말리아반도의 에티오피아, 소말리아, 지부티, 케냐의 주민이 60년 만에 온 최악의 가뭄으로 생사의 갈림길에 서 있다. 최근까지 이미 1,000만 명 이상의 이재민이 발생했고, 200만 명 이상의 어린이들은 영양실조로 생명이 위험한 상태에 놓여 있다.

3장 지구 온난화로 일어나는 자연재해

지구 주위를 둘러싸고 있는 기체를 통틀어 대기라고 해.
대기는 질소, 산소, 아르곤, 이산화탄소 등으로 구성되어 있어.
대기 중 수증기와 이산화탄소 등은 지구를 감싸
사람이 살기 적당한 온도를 유지해 주는 역할을 한단다.
하지만 사람들이 화석 연료를 무분별하게 사용하고 숲을 파괴하면서,
지구는 점점 뜨거워져 지구 온난화를 빠르게 하고 있단다.

황사 봄의 불청객 모래 먼지

"여러분, 기상청에 따르면 오후부터 황사가 있을 거래요. 황사가 뭔지는 다 알지요? 중국 고비 사막과 내몽골 지방에서 시작된 황사가 우리나라 중부 지역에 도착할 거라고 하니 특별히 조심해야 해요. 다들 집에 갈 때 마스크를 하도록 하고, 학교에서나 집에서나 손을 자주 깨끗이 닦도록 해요."

종례 시간이 끝나고 집으로 가는 길에 지우의 짝꿍 유민이가 잘난 척을 했어요.
"짠, 나는 마스크 가져왔지롱!"
유민이의 마스크는 스파이더맨이 그려진 멋진 마스크였어요.
"체, 하나도 안 부러워. 난 답답해서 마스크 안 할 거야."
지우는 내심 부러웠지만, 지기 싫은 마음에 유민이에게 퉁명

스레 말했어요.

　집에 도착하니 어젯밤 야간 근무를 한 삼촌이 돌아와 계셨어요. 나는 삼촌에게 황사에 대해 물어보았어요.

　"삼촌, 황사는 왜 생기는 거예요?"

　"우리 지으가 황사에 대해 궁금하구나. 그건 지구가 점점 뜨거워지면서 중국이나 몽골 지역의 사막이 점점 넓어지기 때문

이란다. 사막의 모래 먼지가 바람을 타고 우리나라까지 날아오는 것을 황사라고 하거든. 올해는 황사가 예년보다 점점 심해지는 것 같아 걱정이구나."

"지구가 점점 뜨거워져요? 사막이 넓어진다고요?"

지우는 삼촌의 말을 얼른 이해할 수 없었어요.

지구 온난화 대기 중의 수증기나 이산화탄소가 태양 복사 에너지를 흡수하여 지구의 평균 대기 온도가 상승하는 현상을 말한다.

지구가 점점 뜨거워진다고?

지구 주위를 둘러싸고 있는 기체를 통틀어 '대기'라고 해. 대기는 질소, 산소, 아르곤, 이산화탄소 등으로 구성되어 있지. 대기 중 수증기와 이산화탄소 등은 지구를 감싸 사람이 살기 적당한 온도를 유지해 주는 역할을 한단다.

하지만 오늘날 사람들이 석유와 석탄 같은 화석 연료를 무분별하게 사용하고 숲을 파괴하면서, 크고 작은 문제들이 생겨나기 시작했어.

일반적으로 지구는 태양 복사 에너지를 흡수하여 대기를 따뜻하게 하고, 나머지는 우주로 다시 방출하면서 지구 온도를 유지해. 그런데 이산화탄소가 대량으로 배출되어 대기를 뒤덮으면 태양 복사 에너지가 우주 밖으로 미처 빠져나가지 못해 지구 온도를 비정상적으로 올라가게 한단다.

지난 100년간 전 세계의 연

화석 연료 지질 시대에 땅속에 묻힌 생물이 화석같이 굳어져 오늘날 연료로 쓰이는 물질. 석탄도 여기에 포함된다.

평균 기온은 약 0.74도 올라갔고, 이 때문에 북반구에서는 빙하가 점점 녹아 해수면의 높이까지 올라가게 되었어. 측정한 바로는 지난 100년간 해수면의 높이가 약 20cm 정도 올라갔대.

이렇게 빙하가 계속 녹다 보면 북극곰이나 펭귄이 살 터전을

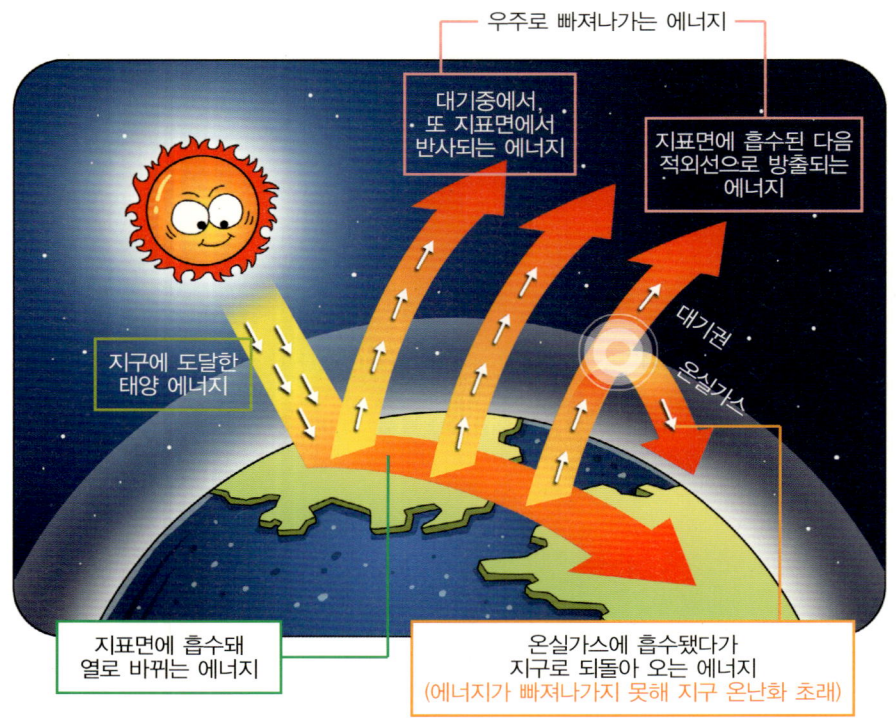

지구 온난화가 일어나는 과정

잃고 멸종할지도 몰라. 또 지대가 낮은 지역이나 섬들은 물속으로 영원히 사라져 버릴 수도 있고, 지구 곳곳에 황사나 사막화 같은 이상 현상을 불러일으킬 수도 있단다.

황사는 왜 발생할까?

황사는 봄철 중국이나 몽골의 사막에 있는 모래와 먼지가 편서풍을 타고 멀리 날아가는 현상이야. 아시아 대륙에서는 중국과 우리나라, 일본이 봄철 황사 피해를 가장 많이 입는 나라야. 물론 사하라 사막 주변에서도 황사가 심각하게 일어나고 있지.

그런데 최근에는 황사 발생 기간이 점점 길어지고, 인체에 해로운 오염 물질까지 함께 섞여 날아와 큰 문제가 되고 있어. 더구나 매년 황사 농도가 점점 심해져 걱정이 점점 커지고 있단다.

이렇게 모래와 먼지가 바람을 타고 먼 곳까지 이동하기 위해서는 여러 가지 조건이 필요해. 우선 강한 바람이 불어야 하고, 모래와 먼지 입자가 작고 건조해야 해.

또 땅에 식물들이 많으면 방해가 되기 때문에 사막과 같은 조건이 딱 좋지. 황사의 시작점으로 알려진 중국과 몽골의 사막 지역도 황사가 만들어지기 좋은 조건을 가지고 있지.

황사가 시작되는 지역은 대부분 해발 1,000m 이상에 있어서 모래와 먼지가 강한 바람을 타고 이동하기 쉬워. 특히 눈이나 비가 적게 내리는 봄철이면 멀리까지 이동하기에 더욱 좋지.

문제는 지구 온난화의 영향으로 겨울철 가뭄도 길어지고, 사

막화가 빨리 진행되어 황사가 이전보다 더 심해졌다는 거야.

황사 발원지는 편서풍대에 위치해 있어 서쪽에서 동쪽으로 바람이 불어. 특히 봄철에는 강한 저기압이 만주 쪽에 자리 잡기 때문에 풍향이 한반도와 일본으로 향한단다.

황사는 옛날에도 있었을까?

황사에 관한 우리나라 최초의 기록은 삼국 시대이다. 당시 신라 아달라왕 21년(174년)에 '우토(雨土)'라는 기록이 나오는데, 이것이 흙비, 즉 황사를 뜻한다. 이후 백제에 온종일 우토 현상이 있었다는 기록이 있고, 고구려에서는 644년에 붉은 눈이 내렸다는 기록이 있다. 조선 시대에 와서는 1550년에 한양에서 흙이 비처럼 쏟아졌으며, 전라도 지방에서는 지붕과 밭, 잎사귀에 누런 먼지가 덮였다는 기록이 있다.

황사가 우리에게 도움을 줄까?

황사는 태양의 복사 에너지가 땅에 닿는 양을 감소시키고, 모래 먼지를 통해 호흡기 질환을 일으켜. 호흡기 환자나 천식이 있는 사람들은 황사 때 되도록 외출을 피하거나 외출을 하더라도 마스크를 하는 게 좋아.

사람에게뿐 아니라 황사는 경제적으로도 많은 영향을 주고 있어. 황사가 심한 지역은 한 치 앞도 제대로 볼 수 없을 정도여서 항공, 운수 산업에 큰 손해를 입힐 수 있어. 또 작은 흙먼지들 때문에 여러 가지 산업 분야에서 생산량이 떨어지거나 생산 시간이 지연되곤 하지.

그렇다고 황사가 우리에게 다 나쁜 건 아니야. 황사에 섞여 있는 석회 같은 알칼리성 성분은 산성비를 중화시켜 토양과 호수가 산성화되는 것을 막기도 해. 또 식물과 바다의 플랑크톤에 풍부한 유기염류를 제공하기도 하지.

하지만 좋은 점보다 나쁜 점이 훨씬 많아. 그래서 세계의 여러 나라가 황사를 줄이기 위해 협력하여 해결책을 찾고 있단다.

황사 농도는 어떻게 측정할까?

기상청에서는 1~10㎛ 사이의 황사 입자의 농도를 측정하기 위해 PM10이라는 관측 장비를 사용하고 있어. 또 위성에서 찍은 영상을 통해 대기 중에 떠 있는 황사 먼지를 분석하고, 황사 관측용 라이더로 하늘에 레이저 빔을 발사해 대기의 황사 정도, 황사의 이동 높이 및 두께를 측정한단다.

우리는 2007년부터는 우리나라에 주로 영향을 주는 몽골 고비사막에 황사 감시 기상탑을 설치해 감시 능력을 더 강화하고, 황사 예보의 정확도를 높이고 있단다.

황사 농도를 측정할 수 있을까?

황사는 하늘의 탁한 정도, 황색 먼지가 쌓이는 정도에 따라 세 단계의 강도로 분류하고 있어.

강도 0	하늘이 다소 탁한 정도
강도 1	하늘이 탁하고, 황색 먼지가 물체 표면에 약간 쌓이는 정도
강도 2	하늘이 황갈색으로 되어 빛을 차단하며, 황색 먼지가 쌓임

황사 경보와 황사 주의보

❶ 황사 경보 : 시간당 미세먼지 농도가 평균 800㎍/㎥ 이상이며, 2시간 이상 지속될 것으로 예상될 때
❷ 황사 주의브 : 시간당 미세먼지 농도가 평균 400㎍/㎥ 이상이며, 2시간 이상 지속될 것으로 예상될 따

황사가 발생하면 어떻게 대처할까?

❶ 황사가 발생했을 때

① 창문을 닫아 바깥 공기가 들어오는 것을 막는다.

② 외출할 때는 긴소매 옷에 보호 안경과 마스크를 착용한다.

③ 외출 뒤 손발을 깨끗이 씻고, 양치 뒤 미지근한 물로 눈도 씻어 낸다.

④ 황사에 노출된 채소, 과일 등은 잘 씻어 먹는다.

⑤ 노약자, 호흡기 환자는 실외 활동을 자제한다.

❷ 황사가 지나간 뒤

① 창문을 열어 실내 공기를 환기시킨다.

② 집 안팎을 청소하여 먼지를 제거한다.

③ 황사에 노출된 물건은 깨끗하게 씻어서 사용한다.

씨앗 폭탄을 투하하라!

🎤 김지우 박사님, 이번에 새로 발명된 씨앗 폭탄에 대한 반응이 매우 뜨거운데요. 씨앗 폭탄을 만든 특별한 이유가 있으신지요?

👨‍🔬 씨앗 폭탄은 제 평생의 꿈이자 어릴 적 삼촌과 한 약속이었습니다. 삼촌은 늘 발전도 중요하지만 지구 환경을 지키는 것이 더 중요하다고 하셨지요.

🎤 그렇군요. 그럼 씨앗 폭탄은 어떤 것입니까?

👨‍🔬 씨앗 폭탄은 지구의 사막화를 막기 위한 것으로 그 안에는 식물이 마른 땅에서도 적응할 수 있도록 풍부한 양분과 흙이 담겨 있습니다.

🎤 정말 놀랍습니다. 지구 환경에 대한 박사님의 고민이 고스란히 담긴 결과물입니다. 저도 오늘 인터뷰를 계기로 환경을 생각하는 한 사람이 되도록 노력하겠습니다.

역사상 최대의 황사

몽골 황사

발생일 | 2008년 5월 26일
피해 | 몽골에서 모래 폭풍을 동반한 초강력 황사가 발생해 모래 폭풍 및 눈보라로 46명이 사망했다. 당시 앞이 거의 보이지 않고, 일부 지역에서는 초속 40m의 강한 바람이 불었다.

대한민국 황사

발생일 | 2009년 2월 18일
피해 | 중국 네이멍구와 몽골 고비사막에서 시작된 황사는 북서풍을 타고 몰려와 우리나라 전국을 황사 영향권에 들게 했다. 2002년 이후 발생한 가장 강력한 수준으로 평소 미세먼지 농도의 20~30배나 되었다. 1980년대 4월에 발생하던 황사는 점차 그 시기가 빨라져 지금은 2월부터 황사가 시작된다.

산사태와 눈사태
와르르, 무너지는 산

　삼촌이 여자 친구와 등산을 간대요. 이불 밑에서 꼼지락꼼지락하던 지우는 엄마랑 삼촌이 하는 말을 듣고는 자리를 박차고 일어났어요.
　"나도 따라갈래요."
　지우는 잽싸게 치카치카 이를 닦고, 푸카푸카 소리 나게 세수를 끝내고 따라나설 채비를 했어요. 그리고 게눈 감추듯 밥을 먹고 삼촌을 척 따라나섰지요.
　삼촌의 여자 친구는 얼굴도 예쁘고 마음씨도 비단결이에요. 잠깐 슈퍼에 들렀는데, 지우가 먹고 싶어 하는 걸 두 개나 사 주었거든요. 신이 난 지우는 씩씩하게 산을 올랐어요.
　"내가 먼저 올라가서 기다릴게요!"
　지우는 1등으로 정상에 올라가서 '야호'를 외치리라 다짐했어요. 하지만 의욕만 앞섰나 봐요. 산 중턱쯤 왔을 때 지우는 그만 삼촌의 바짓가랑이를 붙잡고 제발 10분만 쉬어 가자고 애원을 했으니까요. 잠깐 쉬는 동안 지우는 최근 우면산 산사태에 대해 삼촌에게 물었어요.

"삼촌, 도대체 산사태는 왜 일어나는 거예요? 이렇게 나무들이 울창한데……."

삼촌은 잠시 생각을 정리하고선 산사태에 대해 지우가 알아듣도록 차근차근 말하기 시작했어요.
"지우야, 산사태가 일어나는 이유는……."

산사태 큰비나 지진 따위로 인하여 산중턱의 바윗돌이나 흙 따위가 갑자기 무너져 내리는 현상을 말한다.

산이 무너져 내린다고?

사태란 경사면에 쌓인 흙이나 바위, 눈 따위가 어떤 충격을 받아 아래쪽으로 무너져 내려앉는 것을 말해. 산이 무너지면 산사태, 눈이 무너지면 눈사태라고 하지. 우면산 산사태는 삼촌도 참 마음이 아팠어. 충분히 예방할 수 있는 일이었는데, 부주의로 큰 참사를 낳았으니까.

먼저 산사태는 바위, 흙이 언덕이나 산에서 갑자기 무너져 내려오는 현상이야. 우리나라는 지형적으로 산지의 경사가 급해

산사태가 자주 일어나는 편이야. 여름철에는 비가 많이 내려 땅을 무르게 만들기 때문에 산사태의 위험이 더 크지. 산사태는 많은 비가 내리거나 지진 등으로 땅의 결속력이 약해졌을 때 주로 일어난단다.

산에 있는 나무를 마구 베거나 산불로 나무가 타고 없을 때 산사태가 일어날 확률은 더 높지. 땅속 깊이 박힌 나무의 뿌리가 흙이 무너지지 않게 잡아 주는데, 민둥산◆이면 비가 조금만 내려도 산의 흙이나 돌이 흘러내리기에 십상이야.

민둥산 산에 나무나 풀이 없이 흙이 그대로 드러나 있는 산

눈사태는 하얀 악마

'하얀 악마'라고도 불리는 눈사태는 바위, 흙, 얼음이 눈과 뒤섞여 느닷없이 산자락을 미끄러져 내려오는 현상이야. 한줄기 바람, 쓰러지는 나무, 스키를 타는 사람 때문에 눈사태가 시작

될 수도 있단다.

　대규모 눈사태가 일어나면 눈이 엄청나게 많이 쓸려 내려와. 마치 천둥이 울리는 것 같은 소리를 내며, 시속 110km 속도로 엄청나게 빨리 내려오지.

　눈이 차곡차곡 쌓이다 왜 이렇게 갑작스럽게 무너지는지 궁

금하지? 현미경으로 보면 눈송이는 가지가 여섯 개 있는 별처럼 생겼어. 이 가지들은 위에 새로 눈이 쌓이면 짓눌려서 무뎌지고, 서로 달라붙지 않게 돼.

눈송이들이 서로 달라붙지 않으면 어떻게 되겠니? 눈이 계속 쌓이면 중력 때문에 눈이 산비탈로 무너지고 마는데, 이게 바로 눈사태란다.

사실 알프스 산맥에서는 눈사태가 해마다 25만 번 정도씩 일어난대. 눈이 그만큼 많이 내리는 지역이니 당연하겠지.

TIP

눈사태가 일어나기 전 신호가 있을까?

위험 지역인지 아닌지 표지판을 찾아보고, 눈밭에 금이 있지 않은지도 살핀다. 또한, 무슨 소리가 들리지 않는지 귀를 기울인다. 눈밭에서 발을 굴렸을 때 텅텅 소리가 울리거나 눈에서 '탁' 하는 소리가 들리면 곧바로 자리를 떠난다.

산사태가 일어나면 어떻게 될까?

전 세계적으로 산사태나 눈사태 때문에 생기는 피해는 이루 말할 수가 없어. 산사태(눈사태)는 물과 바위, 흙, 그리고 다른 잔해물이 흘러내리는 이류를 일으키기도 하는데, 이 때문에 피해가 훨씬 커진단다.

이류는 산사태 때문에 산꼭대기나 산허리에서 세차게 흘러내리는 진흙의 흐름을 말하는데, 보통 경사면 아래까지 무서운 속도로 흐른단다. 이때 진흙이 바위나 나무들도 함께 휩쓸고 내려와 집이나 도로를 뒤덮거나 같이 휩쓸고 더 아래로 내려가지.

이 때문에 집을 잃거나 부상을 당하기도 하고, 심지어는 목숨을 잃는 사람들도 있어. 또 산사태의 잔해물이 강이나 하천 바닥에 쌓이면서 일시적으로 홍수를 일으키는 등 2차 피해가 발생할 수도 있단다.

우리나라에도 산사태가 일어날까?

우리나라에도 매년 산사태 때문에 피해가 있었지. 그중 1972년 8월 19일에는 서울 종로구 평창동에서 산사태가 발생해 90여 명이 목숨을 잃기도 했어. 사실 무분별하게 자연을 훼손하여 그곳에 도로 및 주택 단지를 만든 결과라고 할 수 있지.

또 최근 2011년에는 서울 우면산의 일부가 무너져 내리면서 도로와 아파트를 덮친 데다 15명의 인명 피해를 남겨 사람들을 깜짝 놀라게 했지.

산사태를 막을 수 있을까?

산사태나 눈사태를 막기 위해서는 무엇보다 나무를 많이 심어야 해. 나무가 홍수 때는 물을 흡수하고 토양을 결합하는 역할을 하여, 갑작스러운 산사태와 눈사태를 막는 데는 큰 역할을 한다고 할 수 있어.

말뚝 효과

그물 효과

나무의 산사태 방지 효과

산사태가 일어나면 어떻게 대처할까?

① 산이 가까운 경우, 비가 많이 내릴 때 라디오와 텔레비전 방송에 귀를 기울인다.

② 진흙이 언덕을 타고 흘러내리거나, 계곡물 양이 갑자기 많아지거나 줄어들지 않는지 살핀다.

③ 언덕의 나무들이 기울어졌다면 산사태 방향과 멀어지는 방향으로 하여 가장 가까운 높은 곳으로 이동한다.

④ 만약 탈출할 수 없을 때는 공같이 몸을 움츠려 머리를 감싸 보호한다.

⑤ 피할 새가 없이 산사태가 닥쳤을 때는 건물 안에 그대로 머무는 것이 좋으며, 탁자나 튼튼한 가구 밑으로 피신한다.

눈사태가 일어나면 어떻게 대처할까?

❶ 스키를 신고 있거나 배낭을 메고 있다면 벗어서 멀리 던지고, 눈에 갇혔을 때를 대비해 몸을 최대한 자유롭게 만든다.

❷ 눈이 옷 속으로 들어가지 않도록 재빨리 여민다.

❸ 눈에 휩쓸리지 않도록 근처에 있는 바위나 나무를 꽉 붙잡는다.

❹ 눈에 파묻힌 경우, 눈 위로 빠져나가기 위해 헤엄치는 동작을 하면 쉽게 벗어날 수 있다.

사상 최악의 알프스 눈사태

1950년 12월, 스위스와 오스트리아의 겨울은 평소와 다름없이 찾아왔다. 유난히 춥고 구름이 많이 끼었지만, 알프스의 봉우리에 내린 눈은 평소의 반 정도였다. 하지만 1월 15일 첫 번째 큰 눈이 알프스를 뒤덮기 시작하면서 이틀 후부터는 앞을 분간할 수 없을 정도로 눈이 내렸다.

1월 19일 오전, 오펜 계곡에서 제설 작업을 하던 남자를 구조하기 위해 5명의 구조대원과 구조견이 계곡으로 달려갔다. 하지만 3시 40분 천둥 같은 굉음이 들려왔고, 눈더미가 계곡을 덮쳐 왔다. 구조대원과 구조견은 계곡 아래로 내팽개쳐진 뒤 눈 속에 파묻히고 말았다.

그들을 구하기 위해 다시 구조팀이 보내졌고, 구조팀은 밤 11시 경까지 구조 작업을 했다. 그때 세 번째 눈사태가 다시 일어났다. 알프스에 있는 수십 곳의 다른 마을들과 휴양지들 역시 수십만 톤의 눈과 얼음이 시속 160km가 넘는 속도로 쏟아져 내리면서 도로와 철도가 봉쇄되어, 사람과 가축들은 곳곳에서 고립되었다.

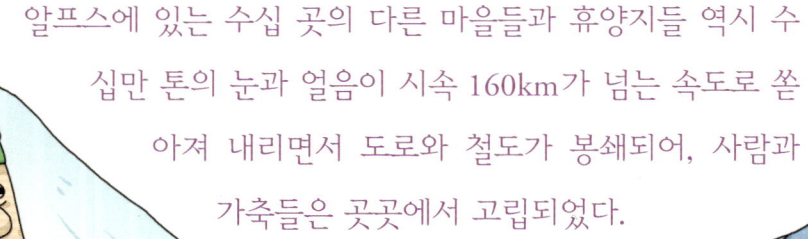

역사상 최대의 산사태

세인트헬렌스 산사태

발생일 | 1980년 5월 18일
피해 | 미국 세인트헬렌스 화산이 분출하기 전어 규모 5.1 정도의 지진이 있었다. 그 바람에 산의 북쪽 면에서 시속 240km의 산사태가 일어났다. 무너져 내린 흙은 스피릿호수를 메웠고, 호수의 물은 모두 넘쳤다. 이때 화산이 용암을 분출하며 산꼭대기의 눈을 녹여 더 큰 산사태를 일으켰다.

피나투보 산사태

발생일 | 1991년
피해 | 필리핀에 있는 피나투보 화산이 분출로 거대한 잿더미가 화산 주변에 쌓였고, 화산재가 먼 들판까지 날려갔다. 비가 내리면서 화산재는 진흙으로 변해 산자락을 타고 흘러내렸다. 이 산사태 때문에 산 아래쪽에 살던 300명의 사람이 목숨을 잃었다.

수질 오염 검게 변하는 바다!

"지우야, 소율이한테 편지 왔다."
엄마가 지우에게 편지 한 통을 건넸어요.
"와, 소율이라고요?"
지우는 몹시 기뻐하며 편지 봉투를 뜯었어요. 소율이는 지우가 1학년 때 엄마 아빠랑 태안 자원봉사를 갔다가 만난 친구예요. 봉투에는 엽서가 한 장 들어 있었어요.

지우야, 안녕! 오랜만이야.

오늘 수질 오염에 대해 숙제를 하다 갑자기 태안도 생각나고, 너도 생각나서 엽서를 쓰는 거야.

그때 우리 진짜 열심히 기름기를 제거했는데, 이젠 태안도 깨끗해졌겠지? 깨끗한 태안에서 다시 너와 만나고 싶다.

형님 편지만 기다리지 말고 너도 형님한테 편지 좀 보내라.
그럼 안녕! 다음에 좀 더 길게 편지할게.

　　　　　　　　　　　　　　　　　　소율이가

 ## 수질 오염이란?

물이 오염되면 우리 목숨까지 위험해. 수질 오염이란 말 그대로 깨끗한 물이 사람에 의해 더러워졌다는 뜻이야. 사람들이 버린 하수나 분뇨, 공장에서 버린 폐수 따위로 물이 더러워지는 현상이지.

지구의 3분의 2가 물인데 뭐가 걱정이냐고? 지구의 물 가운데 사람이 사용할 수 있는 물은 고작 1%에 불과해. 97%는 바닷물이고, 2%는 극지방의 빙하나 얼음이니까.

또 물이 부족하거나 오염되면 다른 동식물도 살 수가 없어. 다시 말하면 물이 오염되면 사람의 생명도 위협받을 수 있다는 말이 된단다.

 ## 물은 왜 오염될까?

선진국들도 오래전부터 수질 오염에 시달려 왔어. 우리나라에서는 1960년대부터 산업화가 이루어지면서 중금속 등의 유독 물질이 들어 있는 많은 양의 폐수를 강이나 바다로 흘려보냈지. 도시가 발달하면서부터는 생활하수 양도 많아져 오염이 더 심각해지고 있단다.

가정에서 쓰고 버리는 물과 공장이나 사업장에서 버리는 물,

물의 오염원

소·돼지 등의 가축을 기르는 곳에서 버리는 물, 논밭에서 농약과 비료가 섞여 나오는 물, 비가 내리면 도로에서 흘러내리는 물, 골프장에서 흘러나오는 농약 섞인 물, 낚시터나 유원지에서 버려지는 음식 찌꺼기, 기름 찌꺼기 등이 모두 물을 오염시킬 수 있어.

어때, 진짜 많지? 물론 물은 자신을 스스로 깨끗하게 하는 성질이 있어. 하지만 그것도 한계가 있겠지? 그보다 많은 오염 물질이 버려지면 더는 스스로 치료하지 못하고 병이 든단다.

우리가 모두 조금만 바르게 마음먹고 생활하면 더 건강하고 더 오래 쓸 수 있는데, 그러지 못하는 현실이 가슴 아파. 태안 기름 유출도 비슷한 경우가 아니겠니? 그렇다면 물을 오염시키는 것에는 무엇이 있는지 한번 살펴보자.

❶ 분해성 유기 물질

유기 물질이란 탄소를 비롯한 여러 원소로 구성된 물질이야. 유기 물질이 물에 들어가면 물속의 미생물에 의해 분해되면서 물속 산소를 소모한단다. 물속 산소가 줄어들면 메탄이나 황화

수소 등의 가스가 나오기도 해. 지독한 냄새가 나는 가스들이지. 분해성 유기 물질에는 음식 찌꺼기, 분뇨, 쓰레기와 축사에서 흘러나오는 폐수가 있어.

❷ **합성 세제**

가정에서 널리 쓰는 합성 세제는 물을 오염시키는 주범이라 할 수 있어. 합성 세제는 다른 오염 물질과 달리 미생물에 의한 분해가 어려운 데다, 물 위에 거품까지 떠서 햇빛과 산소를 차단한단다. 그래서 물고기와 물속 미생물들이 건강하게 살 수 없게 되지.

❸ **중금속**

물속에 흘러든 중금속은 분해되지 않고 물고기 등의 몸속에 그대로 쌓이기 때문에 그것을 먹는 사람들의 건강에도 큰 영향을 끼치지. 실제로 일본에서 발생한 '이타이이타이병'은 중금속 중 하나인 카드뮴 때문에 생긴 병이야. 산업이 발전하면서 이런 중금속 오염은 더 늘어가고 있어. 카드뮴, 수은, 크롬, 구리, 납, 니켈, 아연, 비소 등의 중금속은 흔히 공장 폐수, 산업 폐기물, 쓰레기 매립장의 폐수 등에 섞여서 물로 흘러든단다.

❹ 유독 물질

 유독 물질이란 독성이 매우 심하여 아주 적은 양으로도 사람이나 가축에 해를 끼치는 화학 물질이야. 최근 유독 물질에 의한 물의 오염은 매우 심각한 편이야. 우리나라에서 사용하는 화학 물질만 1만 가지가 넘는다니 각별히 유독 물질에 의한 수질 오염에 신경써야 할거야.

❺ 유류

 석유와 같은 기름이 물에 유출되면 물과 섞이지 않고 물 위에 둥둥 떠다녀. 그러면서 햇빛을 차단하고, 물속 산소의 양을 줄어들게 해. 그렇게 되면 물속에 사는 어패류들이 숨을 쉴 수 없게 돼 모두 죽게 될거야.

❻ 영양 염류

암모니아, 질산염, 아질산염, 인산염 등의 염류는 식물이 자라는 데 필요한 영양소야. 그런데 이러한 염류가 너무 많아도 문제야. 영양이 넘치다 보니 플랑크톤이 지나치게 번식하면서 물이 오염되고, 물의 빛깔까지 검붉게 변하거든. 염류는 주로 논밭에서 뿌린 비료 등에 많이 섞여 있단다.

수질 오염 정도는 어떻게 측정할까?

물의 오염 정도를 관측하는 방법은 크게 세 가지가 있어. 첫 번째는 물리적인 방법인데, 하천의 규모와 유량 등으로 물이 오염될 가능성을 파악하는 방법이지.

두 번째는 현장 조사에서 흔히 사용하는 화학적 측정 방법이야. 이 방법은 물에 녹아 있거나 떠 있는 여러 가지 물질의 요소들을 분석하여 물의 화학적 특성을 알아내는 거야. 예를 들어, 수소이온지수(pH), 전도도, 용존산소, 온도 등을 측정할 수 있지.

세 번째는 생물학적 방법이야. 물속에 사는 작은 무척추동물을 채집해 숫자를 세고, 그것을 지표로 나타내는 거야.

이런 여러 가지 방법을 토대로 정한 하천수의 등급별 물 상태를 한번 살펴볼까?

등급	기준			
	수소이온농도 (pH)	생물화학적 산소 요구량 (mg/L)	부유물질량 (mg/L)	용존산소량 (mg/L)
매우 좋음	6.5~8.5	1 이하	25 이하	7.5 이상
좋음	6.5~8.5	2 이하	25 이하	5.0 이상
약간 좋음	6.5~8.5	3 이하	25 이하	5.0 이상
보통	6.5~8.5	5 이하	25 이하	5.0 이상
약간 나쁨	6.0~8.5	8 이하	100 이하	2.0 이상
나쁨	6.0~8.5	10 이하	쓰레기 등이 떠 있지 않을 것	2.0 이상
매우 나쁨	–	10 초과	–	2.0 미만

하천수의 수질 등급표

매우 좋음	용존산소가 풍부하고 오염 물질이 없는 매우 깨끗한 생태계로, 간단한 정수 처리를 한 뒤 생활용수로 사용이 가능함.
좋음	용존산소가 많은 편이며, 오염 물질이 거의 없는 깨끗한 생태계임.
약간 좋음	약간의 오염 물질은 있으나 용존산소가 많은 비교적 좋은 생태계로 일반적인 정수 처리를 한 뒤 생활용수 또는 수영장 물로 사용할 수 있음.
보통	용존산소를 소모하는 오염 물질이 보통 수준으로 있는 일반적인 생태계로, 고도의 정수 처리를 한 뒤 생활용수로 이용하거나 일반적인 정수 처리를 한 뒤 공업용수로 사용이 가능함.
약간 나쁨	상당량의 용존산소를 소모하는 오염 물질이 있는 상태계로, 농업용수로 사용하거나 고도의 정수 처리 후 공업용수로 이용할 수 있음. 낚시는 가능함.
나쁨	꽤 많은 양의 용존산소를 소모하는 오염 물질이 있어 물고기가 드물게 관찰되는 생태계임. 산책 등 국민의 일상생활에 불쾌감을 주지 않는 한계 상태이며, 특수한 정수 처리 후 공업용수로 사용이 가능함.
매우 나쁨	용존산소가 거의 없는 오염된 물로 물고기가 살 수 없음.

등급에 따른 하천수의 사용

물이 자정 작용을 한다고?

나무에서 떨어진 열매나 낙엽은 빗물에 씻기거나 바람에 날려 개울로 운반되고, 농경지에서 흘러나온 비료나 동물의 배설물, 쓰레기들은 물에 휩쓸려 개울이나 연못으로 흘러가지. 이러한 유기물들이 바로 물을 오염시켜.

자정 작용

다행히 이런 유기물은 물속에 사는 미생물의 먹이로 분해되거나, 물속에 녹아 있는 산소와의 산화 작용을 통하여 분해돼. 이런 과정을 거쳐 오염된 물이 깨끗한 상태로 되돌아오는 거야.

이렇게 물속에서 자연적으로 유기물이 분해되어 물이 깨끗해지는 현상을 '자정 작용'이라 하고, 그 능력의 정도를 '자정 용량'이라고 해.

자정 작용은 물의 온도나 물속에 녹아 있는 산소, 그리고 미생물 등의 영향을 받아. 그리고 충분한 시간이 필요하지. 하지만 물의 자정 능력은 한계가 있어서 오염 물질이 한꺼번에, 또는 계속해서 몰려들면 자정 작용만으로는 처리할 수 없게 되어 물이 차츰 더러워질 수밖에 없단다.

그래서 이런 분해 과정이 빠른 속도로 이뤄질 수 있도록 하기 위해 하수처리장을 계속적으로 세우고 있단다.

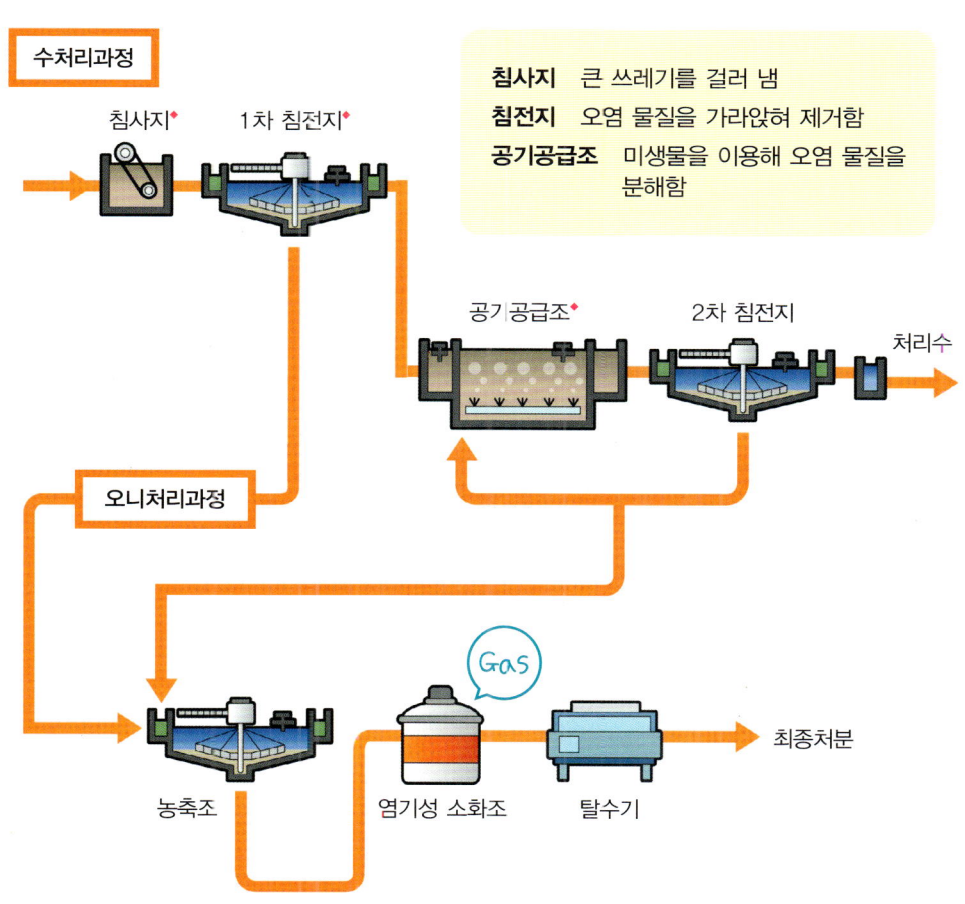

하수 처리 과정

세계 물의 날

'세계 물의 날'은 점차 심각해지는 물 부족과 수질 오염을 방지하고 물의 소중함을 되새기기 위해 국제연합에서 제정한 날이란다. 우리는 모두 아침에 일어나서 화장실을 사용하고, 씻고, 빨래하고, 음식을 해 먹지. 물이 없는 생활은 상상하기 어려울 정도야.

그러나 기본적인 생활을 유지할 물조차 없어 병에 걸리거나 죽는 사람들이 있어. 얼마나 물이 부족한지 마시는 물도 오염되어 있거나 그것마저도 없을 정도야.

이에 따라 국제연합은 물 문제의 심각성을 되새기며 매년 3월 22일을 '세계 물의 날'로 선포하고, 1993년부터 기념하여 지키고 있어. 우리나라는 1990년부터 7월 1일을 '물의 날'로 정해 행사를 개최하다가 국제연합에서 세계 물의 날 행사에 동참해 달라고 요청해 옴에 따라, 1995년부터 3월 22일로 물의 날을 변경해 지키고 있단다.

물고기가 살 수 있는 물로 바꾸려면

오염원	수질 회복에 필요한 물의 양	오염된 물의 배수
마요네즈(1Cmℓ)	욕조 8통	240,000배
사용한 기름(500mℓ)	욕조 300통	198,000배
청주 한 잔	욕조 2.7통	40,500배
간장 한 숟가락	욕조 1.5통	30,000배
우유(200mℓ)	욕조 10통	15,000배
된장국(15mℓ)	욕조 4.7통	7,059배
어묵국물(500mℓ)	욕조 25통	1,500배

자료 : 한국수자원공사 〈물길 따라 내려온 물 이야기〉, 1995

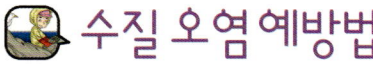 수질 오염 예방법

❶ 샴푸와 린스 등은 적당량만 사용하고, 세탁기를 돌릴 때는 한꺼번에 빨래를 모아서 돌리되, 세제는 될 수 있으면 최소한으로 넣는다.

❷ 세수할 때는 세면대에, 이를 닦을 때는 컵에, 세차할 때는 양동이에 물을 받아 사용한다.

❸ 목욕보다 샤워한다. 샤워하면 물도 절약하고, 에너지도 절약할 수 있기 때문이다.

❹ 기름기 묻은 그릇은 휴지로 닦아낸 후 물로 씻는다.

❺ 채소나 더러운 그릇을 씻을 때 물을 따로 받아 사용하면 수돗물을 틀어 사용할 때보다 10배 정도 절약할 수 있다.

❻ 변기 물통 안에 물을 채운 1.5리터 병을 넣어두면, 1년에 약 4,500만 톤의 물을 절약할 수 있다.

❼ 물이 새는 수도꼭지를 고치면, 1년에 6,000리터의 물이 낭비되는 것을 막을 수 있다.

검게 변한 태안 앞바다

우리 가족은 태안에 도착했다. 태안은 우리처럼 자원봉사를 온 사람들로 북적였다.

2007년 12월 7일, 충남 태안군 만리포 해상에서 항해 중이던 홍콩 유조선과 해상 크레인을 실은 우리나라 바지선이 충돌하면서 유조선에 구멍이 뚫려 15,000톤의 원유가 바다로 유출됐다.

10일에는 기름띠가 태안반도를 타고 해안선 40km 떨어진 곳까지 확산되면서 이 지역 양식장, 어장 등에 큰 피해가 발생했다. 또 해안으로 불어 들던 북서풍이 잦아들면서 해상에 머물러 있던 기름띠가 안면도 앞바다와 서산 대산석유화학공단 인근까지 번져 모두 오염되고 말았다.

뉴스에서 봤을 때는 어민들이 우는 모습을 자주 봤는데, 오늘 만난 어민들은 전국에서 사람들이 팔을 걷어붙이고 찾아와서인지 농담도 하고 안정을 되찾은 모습이었다.

사람들은 바위와 모래사장을 까맣게 뒤덮은 기름때를 없애기 위해 모두 구슬땀을 흘렸다. 태안 사람들을 도울 수 있어서 마음이 뿌듯했다.

역사상 최대의 수질오염

제임스강 오염

발생일 | 1975년

피해 | 미국 버지니아 주 호프웰 시의 라이프 사이언스라는 살충제 공장은 열악한 작업 환경 때문에 공장 폐쇄 명령을 받은 후 남아 있던 유독성 살충제를 모두 하수구에 버렸다. 하수구에 버려진 살충제는 인근에 있는 제임스강으로 흘러들어 생물이 살 수 없는 죽음의 강으로 만들었다.

일본 규슈 미나마타 지역 수질오염

발생일 | 1950~1960년대

피해 | 구마모토 현 미나마타 시에서 공장 폐수 속에 있는 수은으로 물이 오염됐다. 당시 하늘을 날던 물새들이 갑자기 땅에 떨어지고, 고양이들이 미친 듯이 돌며 입에서 거품을 내뿜었다고 한다. 환자들은 중추신경계에 이상이 생겨 언어장애, 운동장애를 일으키며, 고양이 울음소리 같은 특이한 소리를 내는 미나마타병에 걸려 그중 절반이 사망했다.

● 에 필 로 그 ●

소율이에게

　사람들이 자연과 다른 생명은 생각하지 않고, 산을 깎고, 나무를 베어내고, 하천을 오염시키고, 엄청난 매연들을 뿜어내는 바람에 지구가 많이 아프대.
　너도 알겠지만 최근 들어 지진, 화산, 해일 같은 커다란 자연재해 때문에 많은 사람이 목숨을 잃었잖아. 반대로 생각해 보면 사람들도 무분별한 개발로 지구를 오염시키고, 많은 동식물의 터전을 없애고 말았어.
　내 생각엔 그 모든 게 돌고 도는 것 같아. 우리가 지구를 보호하면 지구도 우리를 보호해 주지 않을까. 우리가 지구를 파괴하면 지구도 우리를 더는 안전하게 품어 주지 않고 말이야.

소율아, 작은 힘이지만 우리 함께 지구를 지키자. 우리 스스로 조금씩 노력하다 보면 그 마음이 커져 푸른 지구를 만들 수 있지 않을까. 아름다운 지구가 우리 손에 달렸다는 거 절대 잊지 마!

그럼 잘 지내고, 건강한 모습으로 우리 꼭 다시 만나자!

서울에서 지우가

초등학생을 위한

자연재해 지식책

2012년 6월 15일 초판 1쇄 발행 | 2012년 6월 10일 초판 1쇄 인쇄

글 김온유 | 그림 유진성

펴낸이 정태선
기획 · 편집 안경란 · 이소영 | 디자인 고정자 | 마케팅 김현우 · 정하다

펴낸곳 파란정원 | 출판등록 제395-2010-000070호
주소 서울시 서대문구 홍제동 90-15 2층 | 전화 02-6925-1628 | 팩스 02-723-1629
전자우편 eatingbooks@naver.com
출력 조일문화 | 종이 진영지업 | 인쇄 조일문화 | 제본 동양실업

ⓒ 김온유
ISBN 978-89-94813-21-9 73450

이 책은 저작권법에 따라 보호받는 저작물이므로 무단전재와 무단복제를 금지하며,
이 책 내용의 전부 또는 일부를 이용하려면 반드시 저작권자와 파란정원의 동의를 얻어야 합니다.
＊잘못된 책은 구입하신 서점에서 바꿔 드립니다.

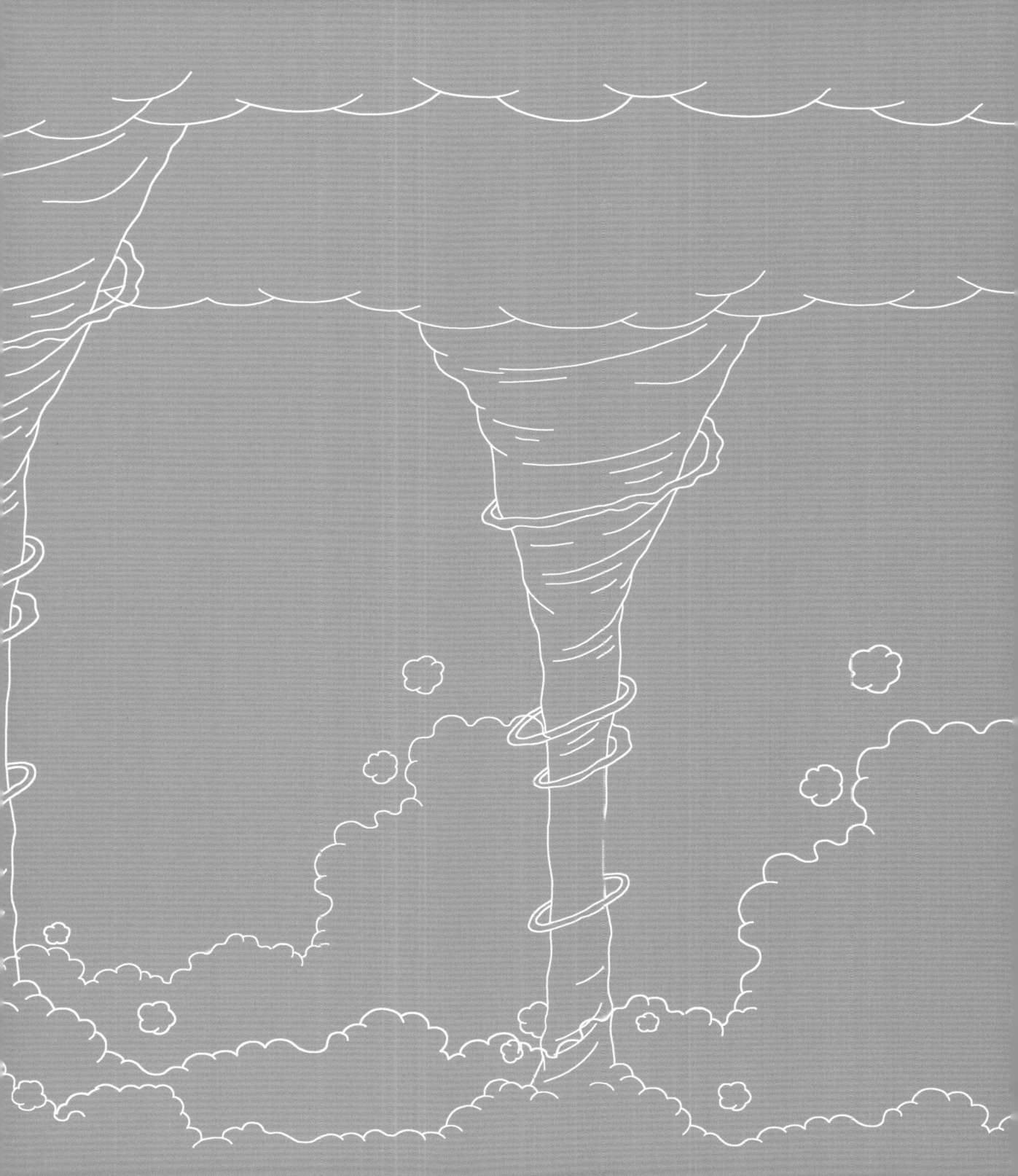

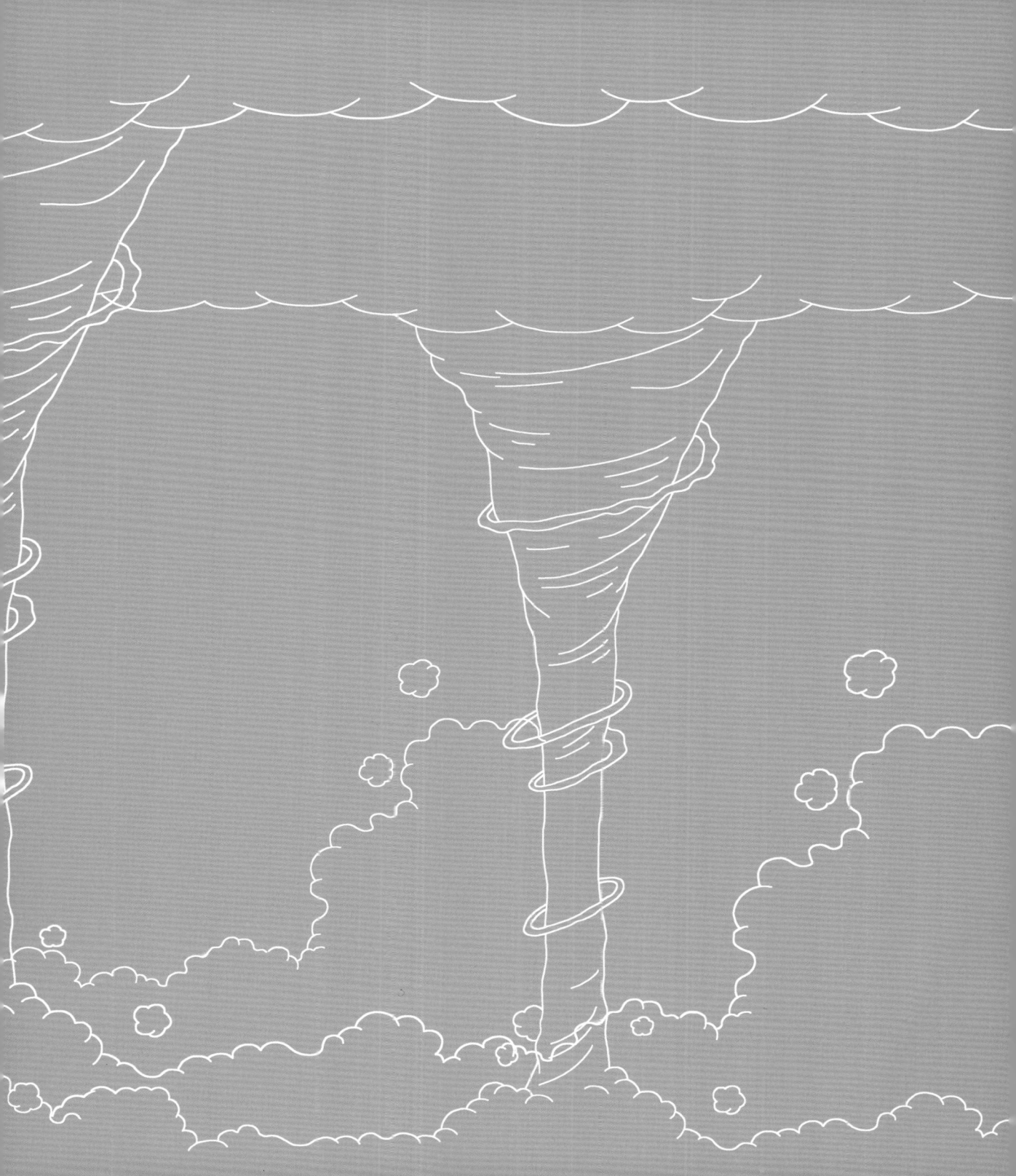

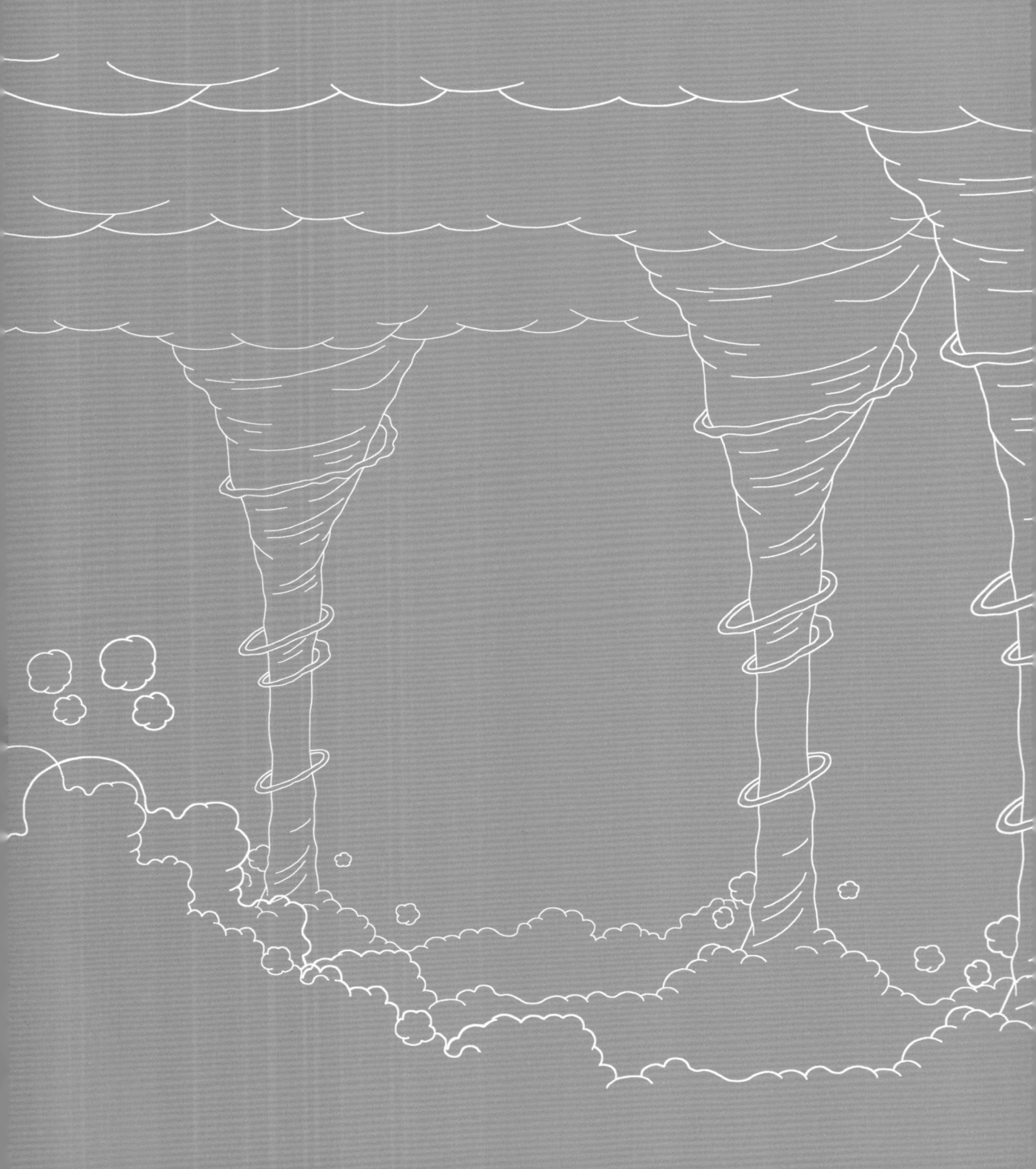